Dionysius Areopagita

Inhalt

I. Vom „Paulus-Schüler" zum Kirchenvater 9

II. Der geistesgeschichtliche Hintergrund 15

III. Die Werke des Areopagiten 23

    Über die himmlische Hierarchie
    (De caelaesti hierarchia – CH) 27
    Über die kirchliche Hierarchie
    (De ecclesiastica hierarchia – EH) 29
    Über die göttlichen Namen
    (De divinis nominibus – DN) 31
    Über die mystische Theologie
    (De mystica theologia – MTh) 33
    Briefe (EP) 36

IV. Seine mystische Theologie 37

    Elemente................................. 39
    Wirkungen 43
    Aktualität 47

V. Die Texte 53

    Zur Überlieferung göttlicher Namen 55
    Von der Offenbarung 65
    Von der Kraft des Gebets 67
    Wirkweisen des Guten und Schönen.......... 69
    Über das Leben 87
    Über Weisheit, Wahrheit und Glauben 90

Inhalt

      Auf dem Weg zur Erlösung 95
      Vom Großsein und Kleinsein der Gottheit..... 100
      Der Allherrscher als der Alte der Tage 104
      Über den Frieden 108
      Von der Heiligkeit Gottes................... 111
      Über das Vollkommene und das Eine 114
      Gott, der Unerkennbare 120
      Zur Disziplinierung der Priester 124
      Worte der Weisheit und der Erfahrung 128
      Schlusswort 138

VI. Stimmen und Zeugnisse zu Dionysius
    Areopagita 141

VII. Literatur 151

      Übersetzungen............................ 153
      Sekundärliteratur......................... 154

I.

Vom „Paulus-Schüler" zum Kirchenvater

I. Vom „Paulus-Schüler" zum Kirchenvater

„Einige Männer schlossen sich dem Apostel Paulus an und kamen zum Glauben, darunter Dionysius, ein Mitglied des Areopags von Athen, sowie eine Frau mit Namen Damaris, dazu einige andere aus ihrem Kreis." (Apg 17,34)

Athen, das bedeutende Zentrum antiker Philosophie, ein herausragender Ort abendländischer Bildung und Kultur, stellte eine wichtige Station auf den Missionsreisen des Apostels Paulus dar. Darüber berichtet die Apostelgeschichte, die dem Evangelisten Lukas zugeschrieben wird. Das 17. Kapitel berichtet von dem offensichtlich nicht gerade erfolgreichen Ertrag dieser Unternehmung des Apostels. Im Gegensatz zu anderen griechischen und kleinasiatischen Städten, die Paulus aufsuchte, kam es in Athen offensichtlich nicht gleich zur Begründung einer christlichen Gemeinde. Das Neue Testament kennt auch keine Briefe an die Athener, die etwa den paulinischen Korintherbriefen und anderen vergleichbar wären.

In der Stadt, in der aus vorchristlichen Tagen bis zum Jahr 529 nach unserer Zeitrechnung die berühmte platonische Akademie für die Pflege des philosophischen Forschens und Lehrens gesorgt hat, begegnete dem Verkünder der Auferstehungsbotschaft eher eine unverkennbare Skepsis, ja Spott. Da weiß man seit Sokrates und seit Platon wohl von der Unsterblichkeit der Seele. Sie war Voraussetzung des Philosophierens. Aber die Verkündigung der Auferstehung des ganzen Menschen kam den Griechen so befremdlich vor wie kaum eine andere Glaubensanschauung. Das war auf dem Areopag nicht viel anders. Was diesen Ort anlangt, so handelte es sich um den berühmten, dem griechischen Gott Ares geweihten Hügel nordwestlich der Akropolis. Auf dem Areopag war der berühmte Gerichtshof der Athener angesiedelt. Und wenn es vorerst auch nicht zu einer nennenswerten christlichen Gemeindebildung kommen konnte, so hält die Schilderung des Evangelisten Lukas zumindest den Namen eines Mannes fest, der vom Auftreten des Paulus beeindruckt war. Ihm und seiner eigentümlichen Predigt schenkte er Vertrauen. Im Bericht heißt es: „Er wurde gläubig." Das spricht für ungeteilte Zustimmung.

Dieser Mann trägt den Namen *Dionysius*. Aber im Neuen Testament ist von ihm kein weiteres Mal mehr die Rede. Auch in den Briefen, in denen Paulus Männer und Frauen, mit denen er auf seinen Reisen bekannt geworden war, mit Grüßen bedachte, wird Dionysius nicht nochmals erwähnt. Man hätte ihn im Fortgang der Kirchengeschichte vermutlich vergessen, wenn nicht um das Jahr 500 – also etwa viereinhalb Jahrhunderte später – eine Sammlung von bedeutsamen theologisch-mystischen Schriften aufgetaucht wäre. Als Verfasser signierte auffälligerweise ein „Dionysius vom Areopag". Das erweckte großes Erstaunen und Vermutungen, die auf ihre historische Stichhaltigkeit zu überprüfen waren. Wie sich zeigen sollte, war das lange Zeit nicht möglich.

Weil in den Texten auf Paulus und selbst auf Ereignisse aus der letzten Lebenszeit Jesu gelegentlich Bezug genommen wird, war die Überraschung besonders groß: Ein Schüler, wenn nicht sogar ein früher Nachfolger und Mitarbeiter des Paulus schien nunmehr in einer Reihe von Schriften sowie in einigen persönlich gehaltenen Briefen mit speziellen Unterweisungen an die Öffentlichkeit getreten zu sein. Sollte dies zutreffen, dann hätte man es mit Dokumenten zu tun, die aus der Zeit der Evangelisten und Apostel stammen, also hohe Beachtung verdienen. Konnte man der Kunde trauen oder war das da und dort geäußerte Misstrauen angebracht?

Das Aufsehen war in der Tat beträchtlich, sodass man – von gelegentlich geäußerten Vorbehalten oder Zweifeln an der Echtheit der Texte abgesehen – eineinhalb Jahrtausende hindurch überzeugt war, man sei im Besitz der geistigen Hinterlassenschaft eines Apostel-Schülers. Von daher genossen diese Schriften des angeblichen „Areopagiten" aus der Mitte des 1. Jahrhunderts eine nicht minder kanonische Bedeutung als die des Paulus und der übrigen Schriften des Neuen Testaments. Kein Wunder:

I. Vom „Paulus-Schüler" zum Kirchenvater

„… niemand hätte es im Mittelalter gewagt, den ‚Apostelschüler' Dionysius anzugreifen oder eines seiner Werke zu verurteilen, aber wer seine (philosophische) Einheitslehre übernahm und weiter ausbaute, wie Johannes Scotus oder Meister Eckhart oder auch Nikolaus von Kues, geriet in den Verdacht eines häretischen Pantheismus, weil die Trennung von Gott und Geschöpf nicht gewahrt schien"[1].

Infolge dieser außerordentlich lange währenden hohen Einschätzung des im Grunde unbekannten, nicht identifizierbaren Verfassers fanden diese griechisch abgefassten Texte sowohl in der griechischen Kirche des Ostens wie in der lateinisch-sprachigen Kirche des Westens hohe Wertschätzung und weite Verbreitung. Dafür sorgte eine Reihe von Übersetzungen, begleitet und ergänzt von Kommentaren aus der Feder prominenter Theologen, die ihrerseits die Rezeption des gesamten Textbestandes – *Corpus Dionysianum (CD)* genannt – unterstützten. Doch der begründete Widerspruch blieb nicht aus; er kam, wenngleich mit erheblicher Verspätung.

Erst gegen Ende des 19. Jahrhunderts (1895) konnte durch Hugo Koch und Josef Stiglmayr S.J. der wissenschaftliche Nachweis erbracht werden, dass es sich tatsächlich nicht um die Schriften eines frühen Paulus-Anhängers handeln könne. Vielmehr gehe es um Abhandlungen, die frühestens gegen Ende des 5. Jahrhunderts verfasst worden sein müssen. Sie setzten beispielsweise die Kenntnis von philosophischen Vorstellungen voraus, die erst lange nach der urchristlichen Zeit das Denken bestimmten. Im Übrigen sei die Abhängigkeit von philosophischen Entwürfen, die auf den (nichtchristlichen) Neuplatonismus, speziell auf den Philosophen Proklos[2] wörtlich zurückgehen, unverkennbar. Von daher

---

[1] Josef Koch: Augustinischer und dionysischer Neuplatonismus und das Mittelalter, in: Platonismus in der Philosophie des Mittelalters. Hrsg. Werner Beierwaltes. Darmstadt 1969, S. 342.

[2] Proklos, aus Lykien in Kleinasien, aus Syrien oder Konstantinopel stammender Philosoph in der Nachfolge Platons, als Leiter der Philosophenschule von Athen wichtiger Vertreter des Neuplatonismus (gest. 485 in

I. Vom „Paulus-Schüler" zum Kirchenvater

ergibt sich die inzwischen üblich gewordene Datierung der Niederschriften für die Zeit vor 500. Für die mögliche Autorschaft wurden seitdem zwar mehrere Zeitgenossen vorgeschlagen. Man meinte beispielsweise, hinter seinem Namen verberge sich der Patriarch Severus von Antiochia. In der Zeit seines Lebens als Eremit habe er die *Dionysica* abgefasst. In die theologischen Lehrstreitigkeiten seines Jahrhunderts verwickelt, ist er um das Jahr 539 exkommuniziert verstorben.

Doch ist der tatsächliche Autor der fraglichen Schriften bis heute keinem der Genannten zweifelsfrei zuzuordnen. Die meisten dieser Vorschläge, die ohnehin nur eine begrenzte Plausibilität haben, gelten derzeit durchwegs als widerlegt.[3] Das heißt, der Verfasser gilt weiterhin als unbekannt. Von daher findet die Bezeichnung *Pseudo-Dionysius Areopagita* Verwendung. Weder der Gehalt seiner Aussagen noch die nachhaltige Rezeption der auf seinen Namen lautenden Texte konnte daran etwas ändern.

Athen). Vgl. Werner Beierwaltes: Procliana. Spätantikes Denken und seine Spuren. Frankfurt 2007.

[3] Gerard O'Daly, in: Theologische Realenzyklopädie (TRE). Berlin 1981, Bd. 8, S. 773.

II.

Der geistesgeschichtliche Hintergrund

II. Der geistesgeschichtliche Hintergrund

Ehe von Dionysius und seinem Werk, dem *Corpus Dionysianum (DC)*, gesprochen werden kann, ist ein Blick auf die geistig-philosophische Welt zu richten, in der der möglicherweise aus Syrien stammende, bis heute namenlose christliche Theologe, etwa ein Mönch, beheimatet war und aus deren Quellen dieser Dionysius geschöpft hat. Es ist die erwähnte, auf dem Fundament der griechischen Philosophie aufbauende Basis des Neuplatonismus. Sie steht in der geistigen Nachfolge von Platon (gest. 347 v. Chr.) und geht in frühchristlicher Zeit von Denkern vom Range eines Plotin (205–270), dem Leiter einer Philosophenschule in Rom, aus. Ihm hat sich eine Reihe weiterer Denker angeschlossen, unter ihnen vor allem Proklos (ca. 412–485). Für sie, die nichtchristlichen Philosophen, war Gott und der Grund des Seins das unerkennbare „Eine" (griech. *to hén)*. Damit war eine Kategorie benannt, die für die abendländische Mystik bedeutsam werden sollte und mit der der vermeintliche Areopagite zum „Gründervater dieser Mystik" prädestiniert war.

Insbesondere durch Plotin wurde dieses überaus hoch bewertete *Eine* zugleich Inbegriff des Guten und damit des universalen, des göttlichen Weltprinzips, das allem Seienden zugrunde liegt. „Es ist nicht nur über das Sein, sondern auch über das Denken erhaben, weil es nichts anderes als schlechthinnige Einheit ist. Proklos entwickelt diesen Gedanken … Es findet sich in jedem Ding, das eines ist; und insofern es ist, das heißt Sein hat, insofern muss es auch eines sein."[4] Es blieb dem Pseudo-Dionysius vorbehalten, dieses letztlich nicht definierbare Eine zu umschreiben, unter anderem in seinem Buch von den *Göttlichen Namen*.

---

[4] Josef Koch: Augustinischer und dionysischer Neuplatonismus und das Mittelalter, a.a.O., S. 321.

II. Der geistesgeschichtliche Hintergrund

Auch die Seele des Menschen entstammt diesem Einen. Doch in ihrer irdischen Verkörperung existiert sie von ihm getrennt. Das wird als ein Mangel und als leidvoll empfunden. Daher muss sie bestrebt sein, in diese einst verlorene Einheit zurückzufinden, eine Anschauung, die ihre Wurzeln bereits in der Philosophie Platons hat. Die Vorstellung, dass sich der Mensch als „verlorener Sohn" derzeit in der Fremde befinde und gleichsam heimwärts strebe, findet sich auch in anderen religiösen und weltanschaulichen Zusammenhängen, beispielsweise im Gnostizismus.

Auf Platon führt Plotin seine Lehre vom Ur-Einen zurück. Auch wollte Plotin letztlich nichts anderes, als Interpret des großen Athener Philosophen und des Platonismus sein. „Insbesondere der Gedanke des Aufstiegs der Seele wies die Möglichkeit dazu. Aber dass sich zugleich eine andere, eigene Weltauffassung bei Plotin zeigte, ist offenbar: 1. Der Weg der Seele ist für Plotin nur als Rückweg zu begreifen, dem der Herweg, das Hervorgehen, vorangegangen sein muss … 2. Plotins Blick ist ganz auf das ‚Eine' gerichtet, aus dem alles hervorgeht und in das alles zurückkehrt, das von ihm auch als das Gute oder die Gottheit bezeichnet wird … Aus der Überfülle des Ur-Einen geht nach Plotin das Viele durch Ausstrahlung (griech.: *éklampsis*; lat.: *emanatio*) hervor, wie von der Sonne Licht und Wärme, von dem Schnee Kälte ausstrahlen, ohne dass sie deshalb etwas von ihrer Substanz verlieren."[5] Schon hier wird deutlich, dass derartige Vorstellungen für die sich nach und nach entfaltende abendländische Mystik bedeutsam werden dürften. Ähnliches gilt für weitere Geistesbewegungen, etwa für den Idealismus, für den allem irdisch Wirklichen der veränderlichen Erscheinungswelt die unveränderliche, ewige Welt der Ideen zugrunde liegt.

Die erste Ausstrahlung ist nach platonischer Deutung die Vernunft, der Geist (*nous*); ihm immanent sind die Ideen oder Urbilder, die zugleich als bewegende Kräfte (*dynámeis*)

---

[5] Karl Vorländer: Philosophie des Altertums. Geschichte der Philosophie I. Reinbek 1963, S. 185.

II. Der geistesgeschichtliche Hintergrund

begriffen werden. Als Vermittlerin zwischen der geistigen und der körperlichen Welt fungiert die Seele (*psyché*). Sie empfängt anschauend den Inhalt des Geistes, die Ideenwelt, und formt nach diesem Urbild aus der Materie die Sinnenwelt, einschließlich der ihr anhaftenden Naturkraft (*phýsis*). Eine Fülle weiterer Emanationen oder Ausstrahlungen schließt sich an. Was Plotin und sein Erkenntnisstreben anlangt, so ist zu berücksichtigen, dass er nach dem Zeugnis seines Biografen einige spirituelle Erleuchtungserlebnisse gehabt habe, die ihn der inneren Gewissheit seiner Theorie versicherten.

In seinen Schriften, den *Enneaden,* macht der Philosoph auf die geistige Verpflichtung des Menschen aufmerksam. Damit setzt er präzise ethische Normen: „Da nun die Seele ein so wertvolles, ein göttliches Ding ist, so halte dich durch solche Begründung nunmehr überzeugt, dass du mit einem solchen Mittel zu Gott gelangen kannst, und steige gerüstet zu ihm hinauf. Gewiss wirst du ihn nicht ferne antreffen, der Zwischenstufen sind nicht viele. Stelle dir also den ihr nach oben benachbarten Bereich vor, welcher noch göttlicher ist als sie, die göttliche, ist, nach dem und von dem die Seele kommt … Sie ist ein Abbild des Geistes, so wie der ausgesprochene Gedanke ein Abbild des Gedankens (Wort, *lógos*) in der Seele ist, so ist die Seele selbst der ausgesprochene Gedanke des Geistes, die ganze Wirkungs- und Lebenskraft, die er ausströmt, um ein anderes zur Existenz zu bringen."[6] Als später Nachfahre von Platon und Aristoteles, der am Ende des klassischen Altertums steht, gilt Plotin als „der bedeutendste Denker und der folgenreichste Anreger" (R. Harder).

Als bedeutendster unter den Schülern Plotins gilt der bereits erwähnte, möglicherweise aus Syrien stammende Philosoph Proklos, somit mit einer gewissen Wahrscheinlichkeit ein Landsmann des Pseudo-Areopagiten.[7] Er ist es, der ein bedeutendes Bindeglied zwischen der antiken Phi-

---

[6] Plotin, zit. bei Karl Vorländer, a.a.O., S. 285.
[7] Doch wie angedeutet, differieren die Angaben zu seiner Herkunft.

II. Der geistesgeschichtliche Hintergrund

losophie sowie Theologie platonisch-plotinischer Prägung und dem frühen Christentum einschließlich seiner Theologie verkörpert. Damit ist sie zugleich ein geistiger Brunnquell der in immer neuen Stromgebieten über Europa sich ausbreitenden christlichen Mystik, unter anderem Meister Eckharts und der rheinischen Mystik. Sie bedient sich somit auch nichtchristlicher Denkformen. Mit ihnen vermochte sich Dionysius als christlicher Theologe gedanklich zu verbinden, nicht selten bis in eine wörtliche Übernahme hinein, so etwa mit Wendungen in den *Initia Theologiae*, den theologischen Anfängen des Proklus, die die Aufgabe einer Einführung zu erfüllen haben. Im Rahmen des insbesondere in der östlichen Kirche sich abzeichnenden Hellenisierungsprozesses tritt die Tradition der hebräischen Bibel für weite Teile der Christenheit in den Hintergrund. Diese Entwicklung hatte nachhaltige Wirkungen in Theologie und Glaube. An die Stelle des Menschen Jesus von Nazaret tritt mehr und mehr der Mensch gewordene Gott, dargestellt und verehrt als der imperiale Kosmokrator. Davon ist Dionysius Areopagita samt seinen philosophischen Gewährsleuten nicht unberührt geblieben. Bei Proklos heißt es beispielsweise:

„Urgrund und erste Ursache von allem Seienden ist das Gute. Denn wenn alles aus einer einzigen Ursache hervorgeht, so muss man entweder das Gute als diese Ursache annehmen oder etwas, das noch höher wäre als das Gute ... Was sollte aber höher sein als das Gute, da wir gerade das für das Höhere erklären, was in reichem Maße am Guten teilnimmt?" – „Alles Göttliche selbst ist schon durch seine überwesentliche Einheit unaussprechlich und unerkennbar für alles Zweite, Abgeleitete. Von denen aber, die daran teilnehmen, kann es erkannt werden Daher ist allein das Erste vollständig unerkennbar ..., denn die Götter sind über alles Seiende hinaus ..."[8]

---

[8] Auszüge aus den *Initia Theologiae* des Proklos, die auch dem Thomas von Aquin als „liber de causis" vorgelegen haben, in der Ausgabe von Walther Tritsch: Dionysius Areopagita: Mystische Theologie und andere Schriften. München-Planegg 1956, S. 214 und 221.

II. Der geistesgeschichtliche Hintergrund

Es besteht also die Zuversicht stiftende Gewissheit, dass es Gotteserkenntnis gibt und dass Teilhabe am Göttlichen möglich ist. Daraus resultiert für den Menschen eine Verpflichtung, das Verlorene als höchstes Gut unablässig zu suchen. Wie schon von Paulus her vorbereitet und angeregt, ist es daher dem Christen aufgetragen, sich nach innen zu wenden und sich in der Verbundenheit mit dem Christusgeist seines eigenen Selbst bewusst zu werden. Gotteserkenntnis und Selbsterkenntnis stellen eine Einheit dar. Oder mit Plotin: „Wir müssen die Fähigkeit der Seele zur Wahrnehmung bewahren, rein und bereit zu hören die Stimmen von oben."

Damit ist die Dominanz des Geistigen im Gegenüber zur materiellen Welt und den „Stimmen von unten" deutlich zum Ausdruck gebracht. Denkt man an den großen Einfluss und an die prägende Kraft, die dieses Denken auf das im Mittelmeerraum sich ausbreitende Christentum ausgeübt hat, dann kann mit guten Gründen von einer „Hellenisierung des Christentums" (A. von Harnack) gesprochen werden. Die vom Neuplatonismus tingierten Schriften des Pseudo-Areopagiten haben daran einen nicht unwesentlichen Anteil. Zitiert und nicht zitiert ist der große Unbekannte in orthodoxer Frömmigkeit und Theologie allgegenwärtig.

III.

Die Werke des Areopagiten

III. Die Werke des Areopagiten

Es geht um vier Abhandlungen und um zehn Briefe, die das *Corpus Dionysianum* ausmachen und die ihrer inneren Geschlossenheit nach sämtlich demselben Verfasser zugeschrieben werden. Die wahrscheinlich nach dem Jahr 485 niedergeschriebenen Texte des Pseudo-Areopagiten lassen sich als Mysterienschriften verstehen, das heißt als Aufzeichnungen, die – analog zu den Unterweisungen und Vollzügen in den vorchristlichen Mysterienstätten[9] – darauf gerichtet sind, in die Geheimnisse der göttlichen Welt und in die davon abgeleiteten Mysterien und Ordnungen des Christentums einzuführen. Dem Autor ist bewusst, dass er sich allein an getaufte Christen zu wenden hat, die nicht nur ein religiöses Wissen ihr Eigen nennen, sondern die auch über eine spezielle spirituelle Erfahrung und Reife verfügen. Gemeint sind somit Menschen, die als würdig erachtet werden, mit diesen Interna, also mit der esoterischen Seite der Christusbotschaft, vertraut gemacht zu werden.

Der Verfasser folgt demnach der ausdrücklichen Aufforderung Jesu, die köstlichen Perlen „nicht vor die Säue zu werfen" (Mt 7,6). Deshalb seine Forderung, eine diesem Sachverhalt in der Frühzeit der verfolgten Kirche angemessene Geheimhaltung in Gestalt einer strengen Arkandisziplin zu beachten.[10] Zwar war seit der Konstantinischen Wende (etwa seit 313) die über nahezu zwei Jahrhunderte andauernde Verfolgungszeit beendet, das Lebens- und Versammlungsrecht der Kirche gewährleistet, doch bestand weiterhin das Bedürfnis, Taufwillige – Männer wie Frauen – als Katechumenen (d.h. als Taufanwärter) erst nach einer bestimmten Vorbereitungs- und Bewährungszeit sowie nach einem angemessenen Ritus der Initiation in die Gemeinde

---

[9] Thassilo von Scheffer: Hellenische Mysterien und Orakel. Stuttgart 1940. – Walter Burkert: Antike Mysterien. München 1990.
[10] Vgl. Gerhard Wehr: Gnosis, Gral und Rosenkreuz. Esoterisches Christentum von der Antike bis heute. Köln 2007, S. 78 ff.

aufzunehmen. Nur der nach solchen Grundsätzen Getaufte hatte Zugang zu der als Mysterienfeier vollzogenen Eucharistie und durfte kommunizieren. Einen literarischen Beleg für diese Praxis stellen die mystagogischen[11] Katechesen des Bischofs Cyrill von Jerusalem (um 313–386/387) dar, die einer verwandten Geisteshaltung und Gemeindepraxis entsprechen.[12]

Zwei der Schriften des Areopagiten sind dem Wesen der *Hierarchie*, d.h. der „heiligen Ordnung", gewidmet, wie sie einerseits – zwischen Gottheit und Menschheit – in der göttlich-geistigen Welt der Engel und der überirdischen Wesenheiten herrschen; andererseits kannte die Kirche des Urchristentums schon vor der Zeit des Dionysius priesterliche Rangstufen (Bischof, Presbyter, Diakon). Sie werden von ihm in einer zweiten Schrift ausführlich vorgestellt und in ihrer Bedeutsamkeit charakterisiert.

---

[11] Unabhängig von der jeweiligen Situation meint Mystagogie die spirituell ausgerichtete Einführung und Einübung in die Mysterien des christlichen Glaubens; sie erstreckt sich über die bloße wissensmäßige Information, d.h. über theologische Zusammenhänge hinaus. Vgl. Sabine Bobert: Jesus-Gebet und neue Mystik. Grundlagen einer christlichen Mystagogik. Kiel 2010.

[12] Cyrill von Jerusalem: Mystagogische Katechesen (*Mystagogicae Catecheses*). Hrsg. Georg Röwekamp, Freiburg 1992.

ÜBER DIE HIMMLISCHE HIERARCHIE
(DE CAELAESTI HIERARCHIA – CH)

Die von Dionysius geschilderte Welt ist von engelartigen Geistwesen erfüllt, denen als Boten und mitwirkende Kräfte in Anlehnung an biblische Aussagen von der Gottheit bestimmte Aufgaben zugewiesen sind. Bereits in den Episteln des Apostels Paulus begegnet man Bezeichnungen für Wesenheiten der oberen Welt. So wird Christus (Eph 1,21) als Inhaber einer spirituellen Vollmacht *(dýnamis)* geschildert, er, der hoch über *(hyperáno)*[13] bestimmten Mächten, Gewalten und Herrschaften gebietet. Man denke an das in der Ostkirche sich darstellende Bild des Christus als Pantokrator, der das All erfüllt. Der irdische Jesus aus Nazaret ist geradezu aus dem Blick geraten. Dionysius knüpft an solche die Erhabenheit betonende christologische Vorstellungen an und macht in seinen Schriften mit dem Gefüge dieser Welt überirdischer Mysterien bekannt, indem er neuplatonische Ordnungsprinzipien damit verbindet. Wichtig ist ihm die Zugrundelegung der Dreizahl. Er zeigt, wie die himmlische Welt durch drei Reihen mit drei mal drei Benennungen, die neun Engel-Chöre, stufenartig strukturiert ist. Das bzw. der göttliche *Eine* erscheint dem Menschen aufgrund der Heiligkeit des letztlich verborgenen Gottes *(Deus absconditus)* ins Unendliche fern gerückt. Deshalb bedarf es vermittelnder übersinnlicher Instanzen. Und die sind in folgender Weise hierarchisch gegliedert.

---

[13] Die griechische Vokabel *hyper* , über, gehört zu dem meistgebrauchten Wortschatz des Dionysius, in dem zum Ausdruck zu bringen ist, dass die jeweils geläufigen Vorstellungen ins Spirituelle, Transzendente hinein zu überschreiten sind. Stets handelt es sich um ein oberhalb des dem Menschen Zugänglichen.

Die erste Hierarchie wird gebildet durch:
die Serafim
Cherubim
Throne – thronoi

Von ihr schreibt Dionysius, ihren herausragenden Rang andeutend: „Intensivster Gemeinschaft mit Gott ist diese höchste Triade gewürdigt, an innigstes Mitwirken mit seiner Herrlichkeit ist sie gewöhnt; ihr wirkt das Los höchster Verähnlichung ihrer herrlichen Eigenschaften und Taten, soweit es irgend möglich ist, mit den Seinen. Sie erkennt in bevorzugter Weise viele Geheimnisse des Göttlichen. Ihr ist, soweit es überhaupt statthaft sein kann, Teilnahme am göttlichen Wissen und Erkennen gewährt. Deshalb auch die Offenbarung der Schrift uns Menschen der Erde die *Lobgesänge* überliefert, darin sich die Erhabenheit ihrer höchsten Erleuchtungen heilig kundgibt."

Zweite Hierarchie:
Herrschaften – *kyriótetes*
Mächte – *dynámeis*
Gewalten – *exousíai*

Dritte Hierarchie:
Fürstentümer – *árchai*
Erzengel – *archángeloi*
Engel – *ángeloi*

ÜBER DIE KIRCHLICHE HIERARCHIE
(DE ECCLESIASTICA HIERARCHIA – EH)

Dionysius deutet sowohl die kirchlichen Leitungsämter als auch die siebenfältig gegliederten, jedoch auf drei reduzierten Sakramente gemäß dem Vorbild der himmlischen Hierarchie. Deshalb wird auch hier die nach der heiligen Zahl Drei geordnete Hierarchie in Triaden gefasst. Damit ist in sinnenfälliger Weise die Kongruenz und Zusammengehörigkeit der oberen Welten mit dem ausgedrückt, was durch bevollmächtigte, das heißt durch geweihte Menschen in heiligen Handlungen auf Erden bewirkt wird. Nicht zu übersehen ist, dass im konkreten Fall eine überaus ambivalente Macht im Spiele ist. Die damit verbundene Problematik ist hinreichend bekannt, wo immer hierarchische Strukturen, insbesondere im geistlichen Leben, zum Einsatz kommen.

Erste Triade:
Taufe – Eucharistie – Firmung (Konfirmation)

Zweite Triade:
Hierarch (Bischof) – Priester – Diakon

Dritte Triade:
Die in die Mysterien Eingeweihten – die auf dem Erleuchtungsweg Befindlichen (Mönche, Einsiedler) – die Katechumenen (Taufanwärter).

Den Katechumenen obliegt es, wie angedeutet, den vorbereitenden Prozess der *Reinigung* zu durchlaufen; die Menschen auf der nächsten Stufe haben Anteil an der *Erleuchtung*; am Ziel sind jene, die zur *Einung* gelangt sind. Damit ist der Dreigestalt auf dem Weg mystischen Strebens entsprochen.

Letztlich ist der eine und eigentliche Hierarch oder Bischof kein anderer als der Christus selbst. Wer ein durch Weihegewalt vermitteltes Amt ausübt, erhebt den Anspruch, durch Christus bevollmächtigt und von daher jeder Kritik enthoben zu sein! Es ist unschwer einzusehen, zu welchen verheerenden Folgen es wieder und wieder kommt, wenn die Träger solcher Weihen korrupt werden sollten, indem sie ihre spirituelle Bevollmächtigung zum Zweck egoistischer Machtausübung missbrauchen!

Christen sind zweimal Geborene. Die christliche Taufe steht für die Neugeburt des Menschen; mystisch gesprochen handelt es sich um die „Gottesgeburt im Seelengrund", von der Meister Eckhart spricht. – Die Firmung oder Konfirmation als Festigung im Glauben wird durch die Salbung mit Öl (*mýron*) vollzogen. – Das zentrale Symbol stellt die Eucharistie dar, in der der kommunizierende Mensch die Vereinigung (*communio*) mit Christus erfährt. Von diesem aus den angedeuteten Entsprechungen sich ergebenden Verständnis wird deutlich, inwiefern Dionysius – und andere gleich ihm – der christlichen Mystik den Weg bereiten half.

ÜBER DIE GÖTTLICHEN NAMEN
(DE DIVINIS NOMINIBUS – DN)

Nach alter Menschheitstradition steht der Name für die Existenz und Wesenheit des jeweils Genannten, zu allererst für den in Gebet und Lobpreis Angerufenen: „Dein Name werde geheiligt" – dies ganz abgesehen von magischen Operationen, bei denen mit Unterstützung eines bestimmten Namens eine Wirkung ausgeübt werden soll. „Die Magie der Namen gehört zu den verschollenen Verstehensformen einer früheren Menschheit." (W. Tritsch) Die hebräische Bibel kennt aussprechbare und den nicht aussprechbaren Gottesnamen Jahwe. Den Namen kennen, handle es sich um den eines Menschen oder um den Code eines zu schützenden Objekts, kann wiederum mit Machtausübung verbunden sein.

Dionysius liegt es fern, auf Gott, das heißt auf die durch jenes „überlichte Dunkel" verborgene Gottheit und ihre Heiligkeit, irgendwie Einfluss nehmen zu wollen. Der Fromme steht somit vor der Schwierigkeit, ja vor dem unmöglich Scheinenden, den Unnennbaren dennoch zu bezeugen und zu einer Gotteserkenntnis zu gelangen, die über das Sagbare hinausgeht. Dieses Sollen und Nichtvermögen setzt einen, nämlich den dem mystischen Stufenweg entsprechenden Prozess der Wandlung voraus. Zu den dafür erforderlichen Voraussetzungen gehört die Öffnung des Menschen für die göttliche Gegenwart und für die daraus sich ergebende Inspiration. „Dabei zeigt sich: Gott ist nicht nur in eine unzugängliche Transzendenz entrückt, sondern wird auch als der alles Umfassende gegenwärtig. Freilich muss der Mensch zunächst seine eigenen Grenzen erkennen und annehmen ... Gott, obwohl er in sich selbst unerkennbar und über-wörtlich bleibt, wird gleichwohl aus seinen Wirkungen nach außen – Schöpfung und Offenbarung – erkennbar. Denn indem er nach außen wirkt, verleiht er allem

Erwirkten Teilhabe an sich selber."[14] Dies macht die Würde des Menschen, seine Ebenbildlichkeit im Angesicht Gottes, kenntlich.

Dabei versteht es sich zum einen, dass die von Gott her sich öffnende Zugangsweise nur in den Grenzen des an Raum und Zeit gebundenen Menschen zugelassen ist. Zum anderen ist als unabdingbare Voraussetzung eine entschiedene Kehrtwendung verlangt. Es geht um nichts weniger als um im Neuen Testament ausgerufene Umkehr (*metánoia*), die auch eine Wendung von außen nach innen bedeutet. „Dabei löst sich der Mensch von jenem, was gesehen werden kann und was sieht, und sinkt hinein in das wahrhaft mystische Dunkel des Nichterkennens, durch das er seine Augen aller erkennenden Auffassung verschließt ..."[15] Schließlich bedarf es der Einsicht, dass es letztlich die Liebe ist, die alles menschliche Erkenntnisverlangen übersteigt. Der Gottes- und Menschenliebe gebührt der Vorrang. So schreibt Dionysius in den *Göttlichen Namen* (I, 1):

„Wir müssen sagen, dass Gott ... die durch die schwere Bürde der Verblendung verschlossenen Augen der Menschen in die Höhe richtet und entschleiert, diesen zwar zunächst nur schlichten Glanz mitteilt, dann aber, wenn jene Augen gleichsam vom Licht kosten und nach mehr verlangen, sich ihnen im stärkeren Maße mitteilt und sie überreichlich bescheint, ‚weil sie viel geliebt haben' (Lk 7,47)."

Das heißt schließlich: „Mit dieser seiner Konzeption der ekstatischen Liebe setzte Dionysius Areopagita nicht nur die Idee des erkenntnismäßigen Dunkels in der höchsten menschlichen Liebe, sondern auch die Idee der Überbietung der Erkenntnis ... durch die Liebe."[16]

---

[14] Georg Scherer in: Großes Werklexikon der Philosophie. Hrsg. Franco Volpi. Stuttgart 1999, Bd. 2, S. 1233.
[15] B.R. Suchla: Dionysius Areopagita. Freiburg 2008, S. 110.
[16] A.a.O. S. 112.

ÜBER DIE MYSTISCHE THEOLOGIE
(DE MYSTICA THEOLOGIA – MTH)

Dieser ihrem Umfang nach aus nur fünf Kapiteln bestehenden und damit relativ kleinen Schrift kommt insofern eine besondere Bedeutung zu, als der Verfasser in ihr sein großes Thema von der Transzendenz und totalen Verborgenheit Gottes in konzentrierter Form zur Geltung zu bringen sucht. Er tut dies mit Nachdruck und unter Verzicht auf jede Form einer beschreibenden Darstellung. Damit ist der Weg einer negativen Theologie (*via negationis*) beschritten. Das hat in dem Wissen zu geschehen, dass Theologie – oder Theosophie als eine jenseits von Dunkel und Licht sich entfaltende Gottesweisheit (*sophía tou theou*) – die Bereiche des Denkbaren oder Vorstellbaren verlassen muss. Sie erweisen sich geradezu als unzuständig und letztlich inkompetent, um über die von ihnen benannten Mysterien angemessene Aussagen machen zu können. Nicht das Licht, sondern – paradoxerweise – die undurchdringliche Dunkelheit[17] ist es, die – vom Menschen her gesehen – Gottes „Wesen" ausmacht. Und dieses „Wesen" (*ousía*) ist schließlich ebenfalls zu negieren. Solche Bezeichnungen lassen sich bestenfalls als vorläufige Hilfsbegriffe verwenden. Deshalb spricht Dionysius vom „*Über*wesentlichen" (*hyperousiótes*). „Nicht weil es in sich dunkel wäre oder die Finsternis oder der dunkle Ungrund Prinzip wäre, sondern weil es ‚lichtes', ‚überhelles Dunkel', ‚göttliche Nacht' ist durch den überhellen Glanz seines Lichtes."[18]

Von daher ergeben sich für den Areopagiten zwei Erkenntnisweisen: eine positive oder kontemplative und eine

---

[17] Dionysius spricht auch von der „überlichten Dunkelheit", die ein „Schauen in Blindheit" und ein „Wissen im Nichtwissen" verlangt, geht es ihm doch jeweils darum, alles abzustreifen, was den Zugang zum „Überwesentlichen" verbaut.

[18] Werner Beierwaltes: Plotins Metaphysik des Lichtes, in: Die Philosophie des Neuplatonismus. Hrsg. Clemens Zintzen. Darmstadt 1977, S. 112

negative oder apophatische Theologie. Diese negative Theologie trat schon in der Antike in Erscheinung. Sie hat ihren Platz in der griechischen Philosophie, speziell bei den neuplatonischen Denkern. Für Dionysius ergab sich von daher die Möglichkeit, auch noch jene Dimension zumindest zu markieren, die mit herkömmlichen Sprach- und Denkmitteln nicht zu erfassen ist: die Welt Gottes als des Ganz-Anderen. So sind es gleichsam zwei Sichtweisen, deren sich Theologie als ein Reden von Gott bedienen kann.

„Ihrer beider Basis ist die geheimnisvolle Unterscheidung in Gott zwischen einerseits den offenbarenden Potenzen (*dynámeis*) und andererseits der unzugänglichen Wesenheit (*ousía*) oder dem *Überwesentlichen* ... Beide Wege der Theologie sind notwendig für die Erkenntnis Gottes, aber der negative Weg ist der vollkommenere."[19]

Es ist also der „überlichte Abgrund" der Gotteswelt, der dem um Erkenntnis bemühten Menschen als Dunkelheit erscheint. Darauf ist das Streben nach „Einung" (*hénosis*) analog der mystischen Vereinigung (*unio mystica*) gerichtet; sie transzendiert alles Seiende und auch das Nichtseiende. Dabei zeigt sich, dass eine andere als die geläufige Art des Erkennens und Verstehens gemeint ist. Es versteht sich dagegen, dass diese über weite Strecken dunkel anmutende Rede eine Initiation im Sinne einer „Erhebung zum lichten Dunkel des überwesentlichen Gottes" voraussetzt. „Während dabei nur Eingeweihte verstehen, worum es letztlich geht, gelten als uneingeweiht alle, die noch im Seienden verfangen sind und meinen, mit den lediglich diesem angemessenen Weisen der Erkenntnis auch Zugang zu Gott zu finden. Für diese Erkenntnis bleibt er jedoch von Finsternis umhüllt."[20]

Was in der Schrift *Über die göttlichen Namen* zumindest partiell noch in positiver Weise ausgedrückt worden ist, das

---

[19] Wladimir Lossky: Schau Gottes, a.a.O., S. 98.
[20] Georg Scherer, in: Großes Werklexikon der Philosophie, Bd. II, S. 1231.

wird in der *Mystischen Theologie* in der Weise der negativen Theologie dargelegt. Das entspricht einem Gang *Von den Namen zum Unnennbaren*[21]. Im Grunde ist damit eine spirituelle Übung verbunden, geht es doch darum, die allgemein übliche Ebene des Denkens zu verlassen, um „in der Einung mit dem überwesentlichen Gott in das mystische Schweigen" einzutreten. Von daher wird einmal mehr verständlich, welche Bedeutung der Areopagite für die christliche Mystik und ihre Aussageweise erhalten sollte.

---

[21] So der Titel der Textauswahl von Endre von Ivánka. Freiburg 1990.

Briefe (EP)

Was die zehn ebenfalls dem *Corpus Dionysiacum* zugerechneten Briefe anlangt, so stellen sie eine Ergänzung der vier Traktate dar. Als Empfänger werden die ersten vier „Hirtenbriefe" einem Mönch namens Gaios zugesprochen. Es folgen als weitere Adressaten die Namen Dorotheos, Sosipater, Polykarpos, Demophilos, schließlich Titus, der zumindest namentlich aus den Paulusbriefen bekannt ist. Den Schluss und die Krönung bildet der angeblich an „Johannes, den Evangelisten" gerichtete Brief. Wie aus der Anrede zu sehen ist, erblickt Dionysius in dem „Jünger, den Jesus lieb hatte" den Verfasser des Evangeliums. Er wird gleichzeitig mit dem Apokalyptiker Johannes identifiziert, der auf der Insel Patmos gefangen gelegen sei.

Dass die beiden Letztgenannten nicht mit den biblischen Personen identisch sein können, bedarf nach dem bisher Dargelegten keines besonderen Hinweises, zumal beide etwa vier Jahrhunderte zuvor gelebt haben. Dionysius erweckt in diesem Brief den ebenfalls anachronistischen Eindruck, dass besagter Johannes sogar immer noch auf Patmos weile, jedoch bald aus der Gefangenschaft befreit sein werde, um zu weiterem missionarischen Schaffen nach Kleinasien zurückzukehren. Hinter solchen Angaben steht der abermalige beabsichtigte Versuch, den Pseudo-Dionysius als Zeitgenossen der Apostel zu erweisen. Doch auf diese Weise wird nur die Nichtgleichzeitigkeit umso deutlicher.

IV.

Seine mystische Theologie

ELEMENTE

Wie aus dem Schriftwerk ersichtlich, bringt Dionysius neuplatonische Vorstellungen in christlicher Beleuchtung zur Geltung, genauer: Er bedient sich ihrer, um sich im Umkreis seiner ersten ostkirchlichen Leser verständlich zu machen. Er bewegt sich damit auf der Ebene eines ausgebildeten christlichen Mysteriendenkens. Es geht ihm zum einen darum, die prinzipielle Distanz zwischen Gott und Mensch hervorzuheben. Andererseits ist ihm ebenso wichtig, dieses grundlegende Anderssein zu überbrücken. Das geschieht durch die erwähnte, nach dem Prinzip der Dreiheit hierarchisch gegliederte Welt spiritueller Wesenheiten, angefangen bei den Engeln bis empor zur Sphäre der Cherubim und Serafim, die bereits in der hebräischen Bibel bezeugt sind. Es handelt sich um die genannten neun Engelchöre gemäß einer ersten oder oberen, einer mittleren und unteren Seinsebene dieser Hierarchien. Sie stehen und agieren „in einem unablässigen Reigen" als Boten und Diener „im Kreisrund um Gott".

Im dritten Kapitel seiner *Hierarchie der Engel* definiert Dionysius „Hierarchie" als eine heilige Rangordnung und eine Erkenntnis. „Sie will so weit wie möglich zu einer Ähnlichkeit mit Gott führen und in entsprechendem Verhältnis andere zum Nachbild Gottes erheben ... Allerdings ist die Gott eigene Schönheit jedem ihr Unähnlichem unnahbar entrückt ... Wer den Ausdruck Hierarchie gebraucht, bekundet damit das Vorhandensein einer heiligen Ordnung, die ein Abbild der urgöttlichen Schönheit darstellt. In hierarchischen Abstufungen des Wissens und Wirkens wird das Mysterium weitergegeben, in stetem Abglanz der Verähnlichung mit dem Urbild, soweit jeder dieser Spiegel nur immer das Licht weiterzugeben vermag."

Die diesen Vorstellungen zugeordnete „Kirchliche Hierarchie" entfaltet diese Ordnung der oberen Welten für die

IV. Seine mystische Theologie

kirchlichen Leitungsämter und bis in die Rangfolge der von ihnen zu vollziehenden Sakramente und Weihehandlungen. Damit ist alles nach dem Urgrund dessen geregelt, was ist und was liturgisch zur Ehre Gottes geschehen soll – wie oben, so unten. Im gottesdienstlichen Leben der syrischen Kirche findet in dieser Hinsicht die Ölsalbung eine besondere Würdigung[22], zumal sie allen Sakramenten zugrunde gelegt ist, „in ihrem Gott-bezogenen Sinn als Initiation, als Einweihung in die göttliche Wahrheit. Sie schenke dem Christen das göttliche Sein, das in Christus lebt, gemäß der Ordnung der kirchlichen Hierarchie:

> „Die genauen Abbilder dieser Lehren siehst du
> in den hierarchischen Zeremonien.
> Denn der gottähnliche Hierarch (*Bischof*) beginnt
> die geheiligte Salbung,
> die Priester führen den heiligen Akt der Salbung
> unter seinen Augen durch
> und rufen den Einzuweihenden sinnbildlich
> zu den heiligen Kämpfen auf,
> die er unter der Kampfleitung Christi zu bestehen
> hat."[23]

Die andere, insbesondere für die Mystik bedeutsame Einsicht ergibt sich für den Areopagiten – wie schon bei den Neuplatonikern – aus der Unerkennbarkeit des Einen, also Gottes. Er, den man gemeinhin im Glanz des Lichtes verehrt, „leuchtet" – paradoxerweise – durch seine abgründige Dunkelheit. Daher wäre es vermessen, ihn, den Allheiligen, mit Menschenworten beschreiben zu wollen. Alles Reden von Gott, das sich notgedrungen der Bilder und der Vorstellungen bedient, die aus der gegenständli-

---

[22] Das griechische Wort für Salbung (*chrisma*) verweist auf Christus (*christós*), den Gesalbten, und damit auf den messianischen Priester, Propheten und König, letztlich auf Jesus Christus.
[23] Josef Sudbrack: Trunken vom hell-lichten Dunkel des Absoluten. Einsiedeln-Freiburg 2001, S. 110 f.

chen Welt von Raum und Zeit genommen sind, vermag das Unfassliche nicht zu fassen, das Unaussprechliche nicht auszusprechen. Das gilt sowohl für die Formen der Preisung wie für die Bezeugung von sogenannten „Gotteserfahrungen". Immer muss bei derartigen Bezeugungen die Bedingtheit und Unzulänglichkeit des Gesagten mitbedacht werden!

Schon Paulus ist sich dessen bewusst, wenn er (2 Kor 4) von „irdenen Gefäßen" spricht, während der überschwängliche Schatz Gottes ist, und nicht von uns. Dieses „helllichte Dunkel" bedingt somit auch die Art menschlichen Redens von Gott – und damit ist letztlich Theo-Logie, die deutende, verkündigende Rede von Gott in ihrer Gesamtheit gemeint –, das nach Dionysius allein durch die *via negativa*, das heißt auf dem Weg der Negation und der Widersprüchlichkeit möglich ist. So ist das Sein Gottes streng genommen nur in der Gestalt der Verneinung auszusagen gestattet. „Die mystische Einung vollzieht sich dadurch, dass der Geist die Sphäre des Sichtbaren, Vorstellbaren und Denkbaren hinter sich lässt und in das Dunkel eintritt, in dem Gott wohnt." (M. Figura)

Paradoxerweise ist die sogenannte Gotteserkenntnis nur in der Weise einer qualifizierten Nichterkenntnis vorstellbar; Nikolaus Cusanus hat es die *docta ignorantia,* etwa: wissendes Nichtwissen genannt. Gemeint ist dasjenige, was man gemeinhin unter einer Erkenntnis versteht, bei dem ein Subjekt sich über das Wesen eines Objekts zu vergewissern sucht. Um es zunächst andeutend auszudrücken: Es muss sich um eine andere, auf Einswerden ausgerichtete Weise des Innewerdens handeln, bei der die Initiative nicht vom Menschen ausgehen kann. Dazu der ostkirchliche Theologe Wladimir Lossky: „Die Erkenntnis Gottes kann nur durch die Überwindung jedes sichtbaren und jedes übersinnlichen Gegenstandes gewonnen werden. Durch die Unkenntnis (*agnosía*) wird der erkannt, der über allem ist, was Gegenstand der Erkenntnis werden kann. Nicht die Gotteserkenntnis, sondern die Vereinigung (*hénosis*), die jede Erkenntnis übertrifft, ist das höchste Ziel ... Wir gelangen zu der unerkennbaren Natur Gottes in Gestalt der Unkenntnis, indem wir uns von all seinen Manifestationen oder Theophanien lösen."[24]

---

[24] Wladimir Lossky: Schau Gottes, a.a.O., S. 96.

Wirkungen

Abgesehen von der großen Bedeutung, die Dionysius Areopagita in der ostkirchlichen Theologie zukommt, kann die Nachwirkung im Bereich der lateinischen Kirche des Westens auf Jahrhunderte hinaus ebenfalls nicht hoch genug eingeschätzt werden. Zurückzuführen ist dies offensichtlich zu einem nicht geringen Teil auf die erwähnte irrtümliche Identifikation des Nachgeborenen mit dem angeblichen „Paulus-Schüler" von Apostelgeschichte, Kapitel 17. Unabhängig von dieser Unklarheit wurde der griechische Text der Schriften und Briefe seines spirituellen Gehalts wegen durch Abschriften immer wieder verbreitet und übersetzt, im Raum der griechischen Ostkirche beispielsweise ins Aramäische, der Sprache Jesu, und zum Teil ins Arabische. Ausschlaggebend war offensichtlich die große Faszination, die von der Spiritualität des Areopagiten ausging. Sie wurde, mancher Skepsis zum Trotz, offensichtlich auch intuitiv wahrgenommen.

Im lateinischen Westen war es bei den Franken der Mönch Hilduin, seit 814 Abt von Saint-Denis (d.h. des heiligen Dionys) zu Paris, der sich mit dem Werk des Pseudo-Areopagiten eingehend beschäftigte. Er wird mit einer ersten Übertragung ins Lateinische in Zusammenhang gebracht. Ihm folgte als neuerlicher Übersetzer Johannes Scotus Eriugena, Lehrer an der Kathedralschule von Laon und Berater am Hofe Karls des Kahlen (823–877), dem König des Westfränkischen Reiches. Johannes Scotus gehörte zu den Gelehrten seiner Hofschule.[25] Er hat seinerseits das mittelalterliche Denken stark beeinflusst, wenngleich er heute als weithin vergessen gilt. „In einer Zeit, in der sich das eher spirituelle östliche und das eher rationale westliche Element der Theologie und Kultur trennten, verband Johannes Sco-

---

[25] Wolf-Ulrich Klünker: Johannes Scotus Eriugena. Denken im Gespräch mit dem Engel. Stuttgart 1988, S. 25.

tus in seiner Philosophie die östliche mit der westlichen Tradition und überlieferte dem lateinischen Abendland das geistige Erbe des griechischen Ostens in einer Form, an die das spätere Mittelalter anknüpfen konnte."[26] Insofern konnte der Areopagite seinerseits wirksam werden, insbesondere auf dem Boden des späteren Frankreich. Das zeigte sich auf vielfältige Weise.

Im 10./11. Jahrhundert vertiefte sich Fulbert von Chartres von der berühmten Kathedralschule in Chartres in die dionysische Gotteslehre. Ähnliches gilt für die Mystiker Hugo und Richard von Sankt Viktor in Paris im 11./12. Jahrhundert sowie für Bernhard von Clairvaux (gest. 1153). Der Franziskaner Bonaventura (gest. 1274) sowie die beiden Dominikaner Albert der Große und Thomas von Aquin (13. Jahrhundert) schöpften aus derselben spirituellen Quelle. Deren geistige Strahlkraft auf die mittelalterliche Theologie ermisst man, wenn man bedenkt, dass es der bedeutende Aquinate Thomas war, der Dionysius etwa 1700mal zitiert habe. Dazu kommt noch sein Kommentar zu den „Göttlichen Namen" (*De divinis nominibus*). Meister Eckhart verdankt Grundvorstellungen seines eigenen mystisch-philosophischen Denkens und sein Bild vom „Seelenfunken" (*scintilla animae*) vornehmlich den Schriften des Dionysius. Und das bereits erwähnte „gelehrte Nichtwissen" (*docta ignorantia*) des Nikolaus Cusanus[27] ist ohne ihn gar nicht vorstellbar. Die spanischen Mystiker Teresa von Avila und Johannes vom Kreuz müssen den Areopagiten gekannt haben. Und sie blieben nicht die einzigen!

Aber es fehlt auch nicht an Ablehnung und an entschiedenem Widerspruch, wenn man beispielsweise an Martin Luther denkt, der zwar einräumt, einst von der bei ihm zu findenden „göttlichen Weisheit" beeindruckt und überzeugt gewesen zu sein. Das sei für ihn jedoch angeblich von nicht geringem Schaden begleitet gewesen. In seinen *Tisch-*

---

[26] A.a.O., S. 38.
[27] Nikolaus Cusanus. Textauswahl und Kommentar von Gerhard Wehr. Wiesbaden 2011, S. 16 ff.

reden verurteilt Luther „die mystica Theologia Dionysii", als handle es sich, wie er sich ausdrückt, um „lauter Fabelwerk und Lügen". Luther hatte auch noch anderen Anlass, unabhängig von seiner Hochschätzung der mystischen *Theologia Deutsch*, zeitgenössischen Mystik-Begeisterten zu widerstehen.[28] Doch an der fortwirkenden Wertschätzung des *Corpus Dionysiacum* konnten derartige Verdikte selbst berühmter Männer der Kirche nichts ändern.[29] Theo Kobusch macht darauf aufmerksam, dass die noch zu schreibende Wirkungsgeschichte den Einfluss auf Sebastian Franck (1499–1542) und die protestantische Mystik hervorheben müsse, „ehe die Philosophie des deutschen Idealismus, insbesondere Schellings und der englischen Romantik, hauptsächlich berücksichtigt würde"[30].

Im Übrigen spricht viel für die Gültigkeit des Urteils, das Hans Urs von Balthasar in seinem mehrbändigen Werk *Herrlichkeit* über Dionysius in seiner Zusammenschau mit dem afrikanischen Augustinus gefällt hat und das einmal mehr dessen Bedeutung hervorhebt:

„Die Theologie des Areopagiten ist ein Jahrtausend lang und noch länger als eine der Urformen kirchlicher Theologie angesehen und ausgewertet worden. Er bleibt, mit Augustinus zusammen, *der* Klassiker der theologischen Form des Abendlandes."[31]

Zumindest anzumerken ist, dass Dionysius Areopagita auch auf künstlerischem Feld Eindrücke hinterlassen hat. Als Beispiel ist im frühen 20. Jahrhundert Hugo Ball (1886–1927) zu nennen, der in ihm den „Spiritus rector der

---

[28] Martin Luther: Mystik und Freiheit des Christenmenschen. Textauswahl und Kommentar von Gerhard Wehr. Wiesbaden 2011, S. 21 f.
[29] Weitere Daten zur Wirkungsgeschichte bei B.R. Suchla: Dionysius Areopagita, S 131–184.
[30] Theo Kobusch, in: Klassiker der Religionsphilosophie, hrsg. Friedrich Niewöhner. München 1994, S. 97.
[31] Hans Urs von Balthasar: Herrlichkeit. Eine theologische Ästhetik. Einsiedeln 1969. Bd. II, Teil 1, S. 211.

IV. Seine mystische Theologie

Dada-Bewegung" erblickte.[32] Hierzu bemerkt B.R. Suchla: „Man darf den Schlüssel der rückblickend konstatierten Beziehung zwischen dem Werk des Dionysius Areopagita und der Dada-Bewegung in der ... Negativen Theologie des Areopagiten mit ihrer Vernunft-Kritik und ihrer Befreiung gegenständlicher Vielheit im Denken sehen ..."[33]

---

[32] B.R. Suchla: Dionysius Areopagita. Leben, Werk, Wirkung. Freiburg 2008, S. 175 f.
[33] A.a.O., 177.

Aktualität

Angesichts der Tatsache, dass seit der Niederschrift der dionysischen Texte mehr als eineinhalb Jahrtausende vergangen sind, fällt es wiederum nicht leicht, deren Aktualität überhaupt in Erwägung zu ziehen. Dazu kommt der gerade heute als dunkel und kryptisch empfundene Charakter seiner Botschaft, die die Aufmerksamkeit seiner Leserschaft auf die innere Dimension, das heißt auf den Bereich des Mysteriums, lenken will. In hierarchischen Strukturen zu denken, wird – aus leicht einsehbaren Gründen – dagegen als antiquiert empfunden, insbesondere wenn es sich um eine geistliche Gemeinschaft, speziell um die katholische oder um die orthodoxe Kirche handelt, in der die Würde des Menschen in ihren existenziellen Bezügen und praktischen Auswirkungen „offiziell" allzu oft in Zweifel gezogen wird. Hierarchie und die beanspruchte Gleichheit der Menschen befinden sich im offenkundigen Widerspruch zueinander. Die zugrunde liegenden Fakten stehen zu sehr im Brennpunkt der öffentlichen wie der internen kirchlichen Diskussion, als dass sie hier entfaltet werden müssten.

Nachdenkenswert ist indes noch ein anderer, für das religiöse Leben bedeutsamer Aspekt, der im Zentrum des *Corpus Dionysiacum* steht. Im Zuge der allgemeinen Entwicklung hat sich ein betont extraversiver, ein nach Veräußerlichung tendierender, auf Profanisierung des Spirituellen gerichteter Trend durchgesetzt. Das tritt immer dann zutage, wenn zwar christliche Symbole, Darstellungen und religiöse Gehalte expressis verbis zur Sprache kommen. Aber bei genauerem Hinsehen zeigt sich das seit Langem zu beobachtende geistliche Vakuum, das sich in der Kirche selbst und im öffentlichen Leben manifestiert. Weite Kreise der kirchlich sozialisierten Bevölkerung in der westlichen Welt des „christlichen Abendlandes" haben den Anschluss an das Wesen des Religiösen verloren. Das ist nicht nur

IV. Seine mystische Theologie

aus statistischen Erhebungen ablesbar. Auch hier sind die Fakten hinreichend bekannt. Hölderlins Wort: „Ach, der Menge gefällt, was auf den Marktplatz taugt ..." bezeichnet einen Aspekt der hier gemeinten Veräußerlichung des Spirituellen. Wie immer man die damit zusammenhängende Krise benennen will, so zeigt sie sich bereits daran, wie groß der Mangel an Gespür und Offenheit für das Transzendente, für das Heilige, für das Geheimnis des Glaubens ist, der für Unzählige zu einer unleugbaren Tatsache geworden ist.

Der Areopagite insistiert indes in seinen Schriften und Briefen auf die Einhaltung einer bereits in den vorchristlichen Mysterienreligionen und in der ersten Christenheit sorgfältig beachteten Arkandisziplin (*disciplina arcani*)[34]. Damit verlangt er, dass das im Gotteswort anvertraute Gut vor Profanierung und Veräußerlichung zu schützen sei. Hierbei folgt er nicht nur einer Forderung, die sich aus der frühchristlichen Situation religiöser Vielfalt und Konkurrenz ergibt. Sie basiert vielmehr auf der Einsicht, dass es sich im Evangelium um die „köstliche Perle", das heißt um ein Glaubensvermächtnis handelt, das weder gering geachtet noch unbedacht verschleudert werden darf (Mt 7,6). Wo man, wie zu beobachten ist, Wesen und Wert geistig-religiöser Wirklichkeit aus dem Blick verliert, ist dieser Verlust bereits eingetreten.

Angesichts dieser Tatsache ist es bemerkenswert, dass Dietrich Bonhoeffer (1906–1945), der evangelische Theologe im Widerstand gegen den Nationalsozialismus, unter völlig veränderten Verhältnissen die Forderung einer Erneuerung der Arkandisziplin erhoben und diese frühchristliche Tugend aktualisiert hat.[35] Seiner Überzeugung nach gelte es, diese Disziplin wiederherzustellen, „damit die Geheimnisse des christlichen Glaubens vor einer Profanierung behütet

---

[34] Gerhard Wehr: Gnosis, Gral und Rosenkreuz. Esoterisches Christentum von der Antike bis heute. Köln 2007, S. 78 ff.
[35] Ernst Georg Wendel: Studien zur Homiletik Dietrich Bonhoeffers. Tübingen 1985. – Andreas Pangritz: Dietrich Bonhoeffers Forderung einer Arkandisziplin als eine unerledigte Anfrage an Kirche und Theologie. Köln 1988.

werden". Unschwer lässt sich auch die Forderung des Areopagiten in die Krisensituation der Gegenwart übersetzen und als eine Zeitforderung *(pium desiderium)* beherzigen. Dazu gehören bereits Wertschätzung sowie der achtsame Umgang mit den Sinnzeichen und Akten religiöser Vollzüge.

Einen anderen Gesichtspunkt aktueller Wertschätzung erblickt Josef Sudbrack in den mystischen Schriften des Dionysius, weil sie bei aller Betonung des Transzendenten doch nicht in eine Verachtung des Materiellen und damit in eine Entwertung der „guten Schöpfung Gottes" ausarten. Er spricht vielmehr von einem „Paradigma für die Verchristlichung [solcher Tendenzen] des Neuplatonismus", nämlich unter Hinweis auf *Göttliche Namen* (I, 4): Gott sei demnach mit uns so in Gemeinschaft getreten, dass er „dadurch die äußerste menschliche Gottesferne zu sich herbeiruft und aufrichtet, aus welcher auf unaussprechliche Weise der einfältige Jesus zusammengesetzt wurde, der Ewige den Zeitbezug genommen hat und derjenige, welcher die gesamte Ordnung im Bereich der gesamten Natur überwesentlich überragt, in unsere Natur hineingeboren wurde, unter unveränderlicher und unvermischter Bewahrung seiner Eigenheit"[36].

Schließlich liegt eine nicht gering einzuschätzende Bedeutung des Areopagiten darin, dass seine negative Theologie überall dort Beachtung verdient, wo vorschnell von „Gotteserfahrung" und dergleichen gesprochen wird. Bei Weitem nicht jeder, der sich auf allerlei Stimmen und Zeichen beruft, tut dies kompetenterweise. Damit widersetzt sich Dionysius mit seiner *Mystischen Theologie* all denen, die vorgeben, Einblicke in die Verborgenheit Gottes vermitteln zu können. Nicht jede seelische Gestimmtheit, nicht jede religiös anmutende Rührung darf – nüchtern betrachtet – bereits mit einer genuinen Gottesbegegnung

---

[36] Zitat nach Josef Sudbrack im Vorwort zu: Mani. Auf der Spur einer verschollenen Religion. Hrsg. L. Koenen und C. Römer. Freiburg1993, S. 16.

gleichgesetzt werden. Damit ist jeder oberflächlichen, spiritualistisch sich gebenden Geschwätzigkeit eine entschiedene Absage erteilt. Mystik gründet im Mysterium, nicht in dessen Veräußerlichung!

Jedoch von ausgesprochen fragwürdigen, wenn nicht kriminellen Vorgehensweisen und Manipulationen sind Name und Nachlass des Genannten nicht verschont geblieben. Heilige und was von deren sterblichen Überresten verblieben ist, mussten oft dazu herhalten, als Objekte einer allzu weltlichen Machtausübung missbraucht zu werden. Man suchte beispielsweise in den Besitz ihrer Reliquien zu gelangen, sei es durch Raub, Diebstahl oder durch eine widerrechtliche Entführung. Dieser Verfehlungen machten sich die Mönche des Klosters Sankt Emmeram zu Regensburg schuldig. Sie täuschten eine sogenannte Translation (Übertragung) vor: Man „ließ um die Mitte des 11. Jahrhunderts verbreiten, dass sämtliche Gebeine des Dionysius Areopagita anlässlich eines Westfeldzuges von Kaiser Arnulf aus der Abtei Saint-Denis gestohlen, nach Regensburg gebracht und dort versteckt worden seien. Dort habe man sie im Jahre 1049 inschriftlich beglaubigt wiedergefunden"[37]. In Saint-Denis reagierte man überaus erbost. Bedrückend ist immerhin die Tatsache, dass auch derartige Machenschaften dem Schicksal des rätselhaften Dionysius anhaften. Hier ist lediglich festzuhalten, dass die ärgerliche Kontroverse über nahezu neun Jahrhunderte andauerte, das heißt bis ins 19. Jahrhundert hinein.

„Noch heute steht in Sankt Emmeram ein Steinsarg des Dionysius in der Westkrypta unter dem Dionysius-Chor, und Reste romanischer Wandmalereien stellen Dionysius im Chor dar." [38] Jedenfalls war für die Entstehung und Pflege eines Dionysius-Kultes hinreichend gesorgt, den man durch allerlei Legenden angereichert hat. So war dem Mann hoher ostkirchlicher Spiritualität selbst der Eingang in die katholische Volksfrömmigkeit und deren weltlicher

---

[37] B. R. Suchla: Dionysius Areopagita, a.a.O., S. 135 f.
[38] A.a.O., S. 136 (Anmerkung 33).

Derivate sicher. Es gibt eben Bekömmlicheres als widerliches Mönchsgezänk um die mutmaßlichen Gebeine eines Heiligen.

Da nennt sich beispielsweise ein Münchener Restaurant in der Nähe des Doms „Donisl", ein Gasthaus, das im Zeichen des heiligen Dionysius steht. Aber nicht jeder, der sich dort vor dem 12-Uhr-Läuten eine Portion bayerischer Weißwürste samt der dazugehörigen „Maß" kredenzen lässt, wird eine Ahnung von dem erlauchten Namenspatron dieser volkstümlichen Wirtschaft haben …

V.

Die Texte

Zur Überlieferung göttlicher Namen

In dem Wissen um die Bedeutungsfülle, die seit alters den Namen, insbesondere solchen aus dem religiösen Bereich, zugesprochen werden, hat Dionysius Areopagita sein Buch „Über die Gottesnamen" (griech.: Peri theion onómaton – lat. De divinis nominibus – DN) abgefasst. Er tut dies nicht etwa wegen der gerade in diesem Bereich anzutreffenden magischen Konnotationen, wie sie durch bestimmte Lautverbindungen oder durch geheim gehaltene beschwörende Formeln herbeigeführt werden sollen. Er lenkt seine Aufmerksamkeit vielmehr auf genuine Aussagen, die die Bibel des Alten und Neuen Testaments für die Heiligung des Gottesnamens bereitstellt; nämlich im Sinne der ersten Vaterunser-Bitte: „Geheiligt werde dein Name – Sanctificetur nomen tuum".

An die erste Stelle seiner Darlegungen rückt Dionysius den Ausdruck der Güte Gottes, die sich im Licht, in Schönheit und Liebe zu erkennen gibt. Dazu gehören Benennungen, die sich auf das Sein Gottes beziehen, auf Gottes Erhabenheit und Weisheit. Gemeint ist ferner der Friede Gottes, seine in Gottesfurcht zu respektierende Heiligkeit, seine Vollkommenheit, schließlich – in Anlehnung an die platonisch-neuplatonische Vorstellung – Gott als der Eine oder als das Eine. Dabei handelt es sich um Aussagen im Rahmen der positiven Theologie. Seine „Mystische Theologie" setzt indes, wie bereits angedeutet, wiederum einen anderen Akzent, der derlei Aussagen und Aussagbarkeit relativiert oder gar infrage stellt, zumal die Gottheit irdische Bilder, Namen und Vorstellungen transzendiert.

„Alles in allem begegnen wir der ganzen Fülle biblischer Gottesbezeichnungen, die schon immer herangezogen wurden, wo Gottes Größe, Ehre und Preis in Hymnen und Gebeten verkündet werden sollten. Ihre besondere Funktion in

V. Die Texte

den DN ist indes die Gotteserkenntnis. Konstitutiv für das abendländische Schrifttum der Mystik wurden vor allem Gott als der Gute, als Licht und als der Eine."[39]

Was nun die Aussageweisen anlangt, deren sich Dionysius in den „Göttlichen Namen" bedient, so dominieren in den ersten der 13 Kapitel Darstellungsformen der positiven Theologie. „Die Analyse des Guten nimmt das ganze lange Kapitel IV der ‚Göttlichen Namen' ein. Es geht um die sich selbst verströmende Natur des Guten ... Das führt zur Erörterung der Identität des Guten und des Schönen ... Wenn das Gute einen gewissen Vorzug unter allen positiven Namen Gottes genießt, dann genau deswegen, weil es als Eros oder göttliche ‚Sehnsucht' verstanden wird."[40] Es streben alle Wesen nach dem Schönen und Guten. Dadurch wird die Liebe Gottes nach menschlichem Ermessen und Empfinden angeregt.

Erst gegen Ende des Buches bringt er in den Kapiteln 9 und 13 Formulierungen der negativen Theologie zur Sprache. Es ist der „Presbyter Dionysius", der sich schon zu Beginn der Schrift an den „Mit-Presbyter Timotheus" wendet. Er tut dies, als wollte er einmal mehr die in Anspruch genommene zeitliche und geistliche Nähe zu dem Paulus-Schüler gleichen Namens besonders herausstellen. Zu denken ist hierbei an die beiden neutestamentlichen Episteln, die Paulus an Timotheus geschrieben hat. Die unmittelbare Anrede an Timotheus legt nahe, dass es sich bei dieser Schrift ebenfalls um eine Art Epistel handelt. Dem entsprechen Anspielungen, wie sie aus verschiedenen paulinischen Briefen bekannt sind.[41]

---

[39] Kurt Ruh: Geschichte der abendländischen Mystik. Band I. München 1990, S. 46.

[40] Bernard McGinn: Die Mystik im Abendland. Band I. Freiburg 1994, S. 246.

[41] Die Dionysius-Zitate erfolgen anhand der gelegentlich bearbeiteten Ausgabe von J. Stiglmayr (1933).

I, 1

Von vornherein soll uns die Satzung der heiligen Schriften als feste Richtschnur gelten, dass wir die Wahrheit des über Gott Gesagten nicht mit überredenden Worten menschlicher Weisheit darlegen,[42] sondern in Erweisung der pneumatisch erweckten Kraft der inspirierten Schriftsteller, jener Kraft, durch die wir mit dem Unaussprechlichen und Unerkennbaren vereinigt werden. Es geschieht gemäß jener Einigung, welche unsere logische und intellektuelle Begabung und Betätigung übersteigt. Man darf ja überhaupt nicht wagen, über die überwesentliche und verborgene Gottheit etwas zu sagen oder auch nur zu denken, was gegen die Offenbarungen verstößt, die uns nach göttlicher Anordnung in den heiligen Schriften niedergelegt sind. Denn bei der Unfassbarkeit der Gottheit müssen wir die überwesentliche Erkenntnis ihr selbst anheimgeben, indem wir unseren Blick nur in dem Maße nach oben erheben, als der Strahl der urgöttlichen Offenbarungen sich selber mitteilt. Und hier müssen wir mit Besonnenheit und heiliger Scheu vor dem Göttlichen die geziemende Verfassung für die Einstrahlungen von oben in uns selber herstellen.

Wenn man nämlich der allweisen und durchaus wahren Offenbarung Gottes glauben muss, so enthüllt sich das Göttliche analog jedem der einzelnen Geister und bietet sich in solcher Weise zur Beschauung dar. Es ist die urgöttliche Güte, welche in heilsamer Gesetzmäßigkeit von dem, was unter Maß und Bestimmung fällt, das allem Maß Entrückte auf gottgeziemende Weise, weil es überräumlich ist, gesondert hält. Denn gleichwie das geistig Erkennbare von den Sinnen nicht zu fassen und zu schauen ist …, so ist nach demselben Gesetz der Wahrheit die überwesentliche Unbegrenztheit über alle Wesen erhaben. Und jede übergeistige Einheit ragt über alle Geister hinaus.

---
[42] 1 Kor 2,4.

V. Die Texte

Jeglicher Denktätigkeit ist das über alles Denken Erhabene, das Eine unausdenkbar; jeglicher Rede ist das alle Rede übersteigende Gute unaussprechlich. Es ist nämlich jene Einheit, welche jeder Einheit Einheitlichkeit verleiht. Es ist jene überwesentliche Wesenheit, jene keiner Vernunft zugängliche Vernunft und jenes durch kein Wort ausdrückende Wort. Es ist ein Nicht-Wort, ein Nicht-Wissen, ein Nicht-Name. Es ist alles nach keiner Art von dem, was ist. Es ist Grund des Seins für alle Dinge, und ist doch selbst nicht seiend, weil über alle Wesenheit erhaben, und so beschaffen, wie es nur selbst eigentlich und wissend über sich Kunde geben möchte.[43]

Indem Dionysius den Blick auf die unschaubare, nämlich überwesenhafte und verborgene Gottheit richtet, bringt er damit bereits zum Ausdruck, dass sich alle nur denkbaren Aussagen, die gleichwohl in der herkömmlichen Theologie eine große Rolle spielen, letztlich von selbst verbieten. Und doch ist Gott aus seinen – vom Menschen her als solche empfundenen – Dunkelheiten in geschichtlicher Stunde herausgetreten, indem er in Jesus Christus Mensch geworden ist. Dies ist Grundbestand des christlichen Dogmas. Insofern ist er doch benennbar, er ist in Gebet und Lobpreis ansprechbar. Mit anderen Worten: Es sind stets beide Aspekte in einer dynamischen und spannungsvollen Zusammenschau zu fassen.

Dionysius verwendet das Bild des Strahls und der Einstrahlung, wenn er von dem spricht, was von Gott her den Menschen erreicht und ihm zugeteilt wird. Darin liegt eine Anregung zu dem mystischen Innewerden des in diesen Worten Gesagten. Wie in den Texten zur göttlichen Hierarchie liegt ihm daran, dass man sich stets der Dreigestalt (Trias) Gottes wie des Gottgegebenen bewusst sei.

---

[43] J. Stiglmayr macht darauf aufmerksam, dass in der *Mystischen Theologie* mehr als fünfzig negative Aussagen über Gott aneinandergereiht sind.

I, 2

Über diese überwesentliche und verborgene Gottheit also darf man, wie gesagt, nichts im Widerspruch mit den nach Gottes Willen in den heiligen Schriften uns geschenkten Offenbarungen zu sagen, ja nicht einmal zu denken wagen. Denn wie die Gottheit sich in den Schriften selbst bezeugt, ist Wissen und Schauen von dem, was sie ist, allen Lebenden unzugänglich, weil sie allen überwesentlich entrückt ist. Und du wirst viele unter den Hagiographen[44] finden, welche sie nicht bloß als unsichtbar und unfassbar gefeiert haben, sondern auch als unerforschbar und unaufspürbar, weil es keine Spur von ihm gibt, was in ihre verborgene Unermesslichkeit hineinreicht.

Aber wahrhaftig, das Gute ist nicht etwa unmitteilbar für irgendein anderes Wesen. Vielmehr lässt es den Strahl, den es in sich selbst besitzt, aus Güte in Einstrahlungen hervorleuchten, welche den einzelnen Naturen entsprechen. Nach Möglichkeit richtet sie die heiligen Geister empor, welche auf angemessene Weise ihrer Berührung teilhaftig werden …

I, 3

Indem wir uns an jene göttliche Waage[45] halten, welche auch die gesamten heiligen Ordnungen der überhimmlischen Engel-Chöre regelt, wollen wir in Ehrfurcht das über Verstand und Wesen erhabene Verborgene der Urgottheit mit bescheidenem Schweigen ehren. Wir erheben uns auf diese Weise zu den aus der Heiligen Schrift herniederleuchtenden Strahlen. Lichtvoll werden wir zum Verständnis der urgöttlichen Hymnen geleitet, und damit zum Lichte der Gottesnamen als solche. Es ist ein überweltliches Licht, mit dem wir hier erfüllt und nach den heiligen Hymno-

---

[44] Gemeint sind vornehmlich die biblischen Autoren.
[45] Spr 16,11: „Rechte Waage und Gewicht ist vom Herrn."

logien verwandelt werden. [Das geschieht,] damit wir die hierdurch vermittelten urgöttlichen Lichter schauen; auch damit wir den Gutes spendenden Urgrund all der heiligen Lichterscheinungen preisen ...

Er ist nämlich aller Dinge Ursache, Anfang, Wesen und Leben. Er ist Rückberufung und Aufrichtung für alles von ihm Herstammende, Abgeleitete. Er ist Wiedererneuerung und Wiederherstellung alles dessen, was unter die Macht gesunken ist, die das göttliche Ebenbild verdunkelt hat ...

Allen, die zu ihm emporsteigen wollen, reicht er die hilfreich dargebotene Hand ... So ist er auch die gütige Mitteilung des Verborgenen. So ist er das Leben selbst vor allem Lebendigen, das Wesen selbst vor allem, was wesenhaft genannt werden kann, Ursprung und Ursache und Sinn jeglichen Wesens ...

I, 4

In diese Erkenntnisse sind wir durch die Heilige Schrift eingeweiht worden; und du wirst finden, dass die Hymnologie[46] in ihrer Fülle, wie sie die Hagiographen offenbaren, damit zugleich die Namen Gottes entfalten: in Aufklärung und Lobpreis.

So sehen wir, wie fast in jeder der heiligen Schriften auf heilige Weise die Urgottheit geschildert wird, als das Eine in sich selbst Unveränderliche und Unteilbare und Grenzenlose, als das Nicht-Vielfältige ... Wir sehen aber auch, wie die Urgottheit als Trias, als Dreiheit, gefeiert wird wegen der auf drei Gestalten sich beziehenden Offenbarung ihrer überwesentlichen Schöpfungskraft, aus der jede Vaterschaft im Himmel und auf Erden stammt und genannt wird. Als Ursache des Seienden finden wir sie gepriesen, weil wegen ihrer wesenschaffenden Güte alles ins Dasein gerufen wur-

---

[46] Gemeint ist die Darstellung heiliger Wahrheiten, wie sie im Alten und Neuen Testament enthalten sind. Dionysius will offensichtlich, dass theologische Aussagen zugleich als Hymnen und Lobpreisungen empfangen werden.

de; als weise und schön, weil alles Seiende, sofern es Züge der entsprechenden Natur unversehrt bewahrt, jeglicher göttlicher Harmonie und heiliger Schönheit voll ist.

Die vorzüglichste aller Namen der Urgottheit aber ist die Liebe: ... Denn sie zog an sich und erhob zu sich empor die äußerste menschliche Niedrigkeit. Aus dieser Niedrigkeit hat Jesus auf unaussprechliche Weise das Ewige in die Zeitlichkeit hineingetragen, indem er das Menschsein mit dem Urgöttlich-Einen verband ...

Zur Erkenntnis des Göttlichen bedienen wir uns nach Möglichkeit geeigneter Symbole und erheben uns wiederum von diesen auf analoge Weise zur einfachen und geeinten Wahrheit der geistigen Schauungen. Aber nach aller unserem Vermögen entsprechenden Erkenntnis der göttlichen Dinge lassen wir unsere Denkfunktionen ruhen und stoßen, so weit es gestattet ist, an den überwesentlichen Strahl, in welchem alle Bereiche aller Erkenntnisse unaussprechlich bestehen. Sie sind weder zu erkennen noch auszudrücken, noch irgendwie zu schauen. Und das aus dem Grund, weil Gott über alles hinaus entrückt und über-unerkennbar ist; ... auch weil er über allen überhimmlischen Geistern erhaben thront. Denn wenn alle Erkenntnisse zum Gegenstand das Seiende haben und auf das Seiende abzielen, so ist der Strahl, der über alle Wesenheit hinaus liegt, auch jeder Erkenntnis entrückt ...

I, 5

Weil aber die Gottheit in ihrer alles übersteigenden Güte unmittelbar durch ihr Sein die Ursache von allem Seienden ist, so muss diese urgütige Vorsehung der Urgottheit von allen verursachten Wesen gepriesen werden. Denn um sie ringsumher und um ihretwillen ist alles, und sie selbst ist vor allem, und in ihr hat das All seinen Bestand. Ihr Sein ist es, durch welches die Hervorbringung und Bestand des Weltganzen begründet ist. Und sie ist es, zu dem alles hinstrebt, die geistigen und denkenden Wesen auf intellektuelle

Weise, die ihnen untergeordneten auf dem Wege der Sinneswahrnehmung, die übrigen durch lebendige Bewegung oder durch die geeignete Beschaffenheit ihres Wesens und Zustandes.

I, 6

Weil die Verfasser der Heiligen Schriften das wissen, feiern sie die Gottheit sowohl als namenlos als auch wiederum mit jeglichen Namen.

Als namenlos preisen sie dieselbe, wenn sie zum Beispiel sagen, die Urgottheit selbst habe in einem jener mystischen Schauungen der sinnbildlichen Theophanie einen Tadel ausgesprochen, als da einer fragte: Welches ist dein Name?[47] Und wie wenn er ihn von jeglicher Erkenntnis der Gottesnamen abbringen wollte, ihm erwidert: „Warum fragst du nach meinen Namen – der ist ein Wunder für dich!" Und ist dies nicht auch in Wirklichkeit das Wunder der Wunder, der Name über alle Namen, der namenlose Name über jeden nennbaren Namen erhaben, sei es in dieser Weltzeit, sei es in einer künftigen?

Wenn Dionysius, den letztlich nicht Benennbaren, Namenlosen zugleich als einen Vielnamigen vorführt, so könnte er es sich einfach machen: Wenige Bezeichnungen könnten genügen, um anzudeuten, was er meint. Offensichtlich will er aber durch eine ganze Litanei von vielen Namen und Bezeichnungen die Allgegenwart Gottes sich und seinen Lesern auch sinnenhaft ins Bewusstsein heben – ihn, den transzendenten wie den immanenten Gott. Die Wiederholungen in Litaneien entsprechen andererseits dem Wesen einer meditativen Vergegenwärtigung des in den Worten und Bildern Aufgehobenen. Und so zählt er eine vielgestaltige Reihe von Benennungen auf, in denen er jeweils Gottesnamen erblickt:

---
[47] Ri 13,18.

Als vielnamig heißen sie ihn aber, wenn sie ihn also redend einführen: Ich bin der Seiende, das Leben, das Licht, der Gott, die Wahrheit, und wenn die Gotteskundigen (*theósophoi*) selbst den Urheber von allem aufgrund aller verursachten Dinge vielnamig feiern als gut, als schön, als weise, als liebenswert, als Gott der Götter, als Herrn der Herren, als Heiligen der Heiligen, als Ewigen, als Seienden und als Ursache der Weltzeiten, als Spender des Lebens, als Weisheit, als Vernunft, als Logos, als Kenner, als alle Schätze jeglicher Erkenntnis überreich besitzend, als Macht, als Machthaber, als König der Könige, als den Alten der Tage, als den Nichtalternden und Unveränderlichen, als Heil, als Gerechtigkeit, als Heiligung, als Erlösung, als den vor allem Übergroßen und als den in gelindem Säuseln[48] der Luft Erscheinenden ... Sowohl in den Geistern ist er, sagen sie, als auch in den Seelen und in den Körpern und im Himmel und auf der Erde, und doch ist er ebenderselbe in ebendemselben, innerweltlich, umweltlich, überweltlich, überhimmlisch, überwesentlich, Sonne, Stern, Feuer, Wasser, Hauch, Tau, Wolke, Urgestein, Fels, alles, was ist, und doch nichts von dem, was ist ...

I, 8

Ja, die Hagiographen feiern nicht bloß diejenigen Gottesnamen, welche von den allgemeinen oder besonderen Taten der Vorsehung oder ihrer Objekte abgeleitet sind, sondern auch nach anderen gelegentlichen Visionen, durch welche zur Einweihung gereifte Menschen an den heiligen Stätten in die Mysterien eingeführt wurden. Gemäß diesen Ursachen und Kräften benennen sie die überklare Güte. Sie legen ihnen menschliche Gestalt und Bilder bei [die dem Verständnis dienen] ...

---

[48] 1 Kön 19,12.

V. Die Texte

In diesem Zusammenhang bemüht sich auch Dionysius, aus der Heiligen Schrift all das zusammenzutragen und für seine Erkenntnissuche als Richtschnur gelten zu lassen, was geeignet ist, die Wahrnehmung des Heiligen zu fördern. Mit anderen Worten: Er beschränkt sich in der theologischen Arbeit nicht auf biblische Einzelbelege; eher gewinnt man den Eindruck, wie wichtig es ihm ist, die Bibel in ihrer Gesamtheit gegenwärtig zu haben.

Beachtung wollen wir den Erklärungen der heiligen Gottesnamen schenken, indem wir gemäß der göttlichen Überlieferung das Heilige auf das Heilige gründen, das heißt, es der Verachtung und dem Spott der Uneingeweihten entziehen … Diese Vorsicht musst du nun, lieber Timotheus, gemäß der heiligen Satzung beachten, indem du die göttlichen Mysterien weder durch Wort noch Werk den Uneingeweihten zugänglich machst. Mir aber möge Gott verleihen, die heilwirkenden göttlichen Namen der unaussprechlichen und unbenennbaren Gottheit geziemend zu feiern. Er möge das Wort der Wahrheit nicht von meinem Munde nehmen!

Von der Offenbarung

Wie man sieht, legt der Autor der areopagitischen Schriften großen Wert darauf, das von ihm Dargelegte stets auf die Basis der Heiligen Schrift zu stellen und durch sie zu begründen, zumal allein die Bibel ihm die Gewähr für die Echtheit der „urgöttlichen Wesenheit" und ihrer Botschaft gibt. Wenngleich er sich zwar in den Gedankenbahnen der Neuplatoniker bewegt, so versteht er sich doch als Christ.

II, 1

Von den heiligen Schriften wird die urgöttliche Güte gepriesen, dass sie bestimmt und erklärt hat, was die ganze urgöttliche Wesenheit ist. Denn was anders als dies ist aus der Offenbarung zu ersehen, wenn sie sagt: „Was fragst du mich über das Gute? Niemand ist gut als Gott allein" (Mt 19,17) ...

Der von Natur gute Logos [der Träger des göttlichen Wortes] selbst ist es, der sagt: „Ich bin gut", und einer der gottbegeisterten Propheten feiert den Heiligen Geist [pneuma] als den Guten. Und wiederum, wenn man sagen wollte, das Wort „Ich bin der Seiende" (Ex 3,14) werde nicht von der ganzen Gottheit ausgesagt, und man versuchen wollte, es auf eine einzige Beziehung einzuschränken, wie wird man folgende Worte anhören: „Dieses spricht, der da ist, der da war und der da kommt, der Allmächtige" (Offb 1,4) ... Und wenn man nicht zugeben will, dass die ganze Urgottheit Leben ist, wie bleibt dann das heilige Wort wahr, das sagt: „Gleichwie der Vater die Toten auferweckt und lebendig macht, so macht auch der Sohn lebendig, welche er will" (Joh 5,21) und: „Der Geist ist es, der lebendig macht"? (Joh 6,64) ...

Weiterhin wird das Wort „schön" und „weise" von der ganzen Gottheit ausgesagt, ferner die Worte „Licht" und „Vergöttlichung" und „Ursache" und überhaupt alles, was der ganzen Urgottheit zugehört, wird von den heiligen Schriften zu jeglichem Lobpreis der einen Urgottheit ausgesagt ...

II, 3

Die einheitlich-gemeinsamen Namen der ganzen Gottheit sind, wie in den heiligen Schriften nachgewiesen: das Übergute, das Übergöttliche, das Überwesentliche, das Überlebensvolle, das Überweise und überhaupt alles, was wegen Überfülle unter die negative Bezeichnung fällt.[49] Damit gehört auch alles, was den Begriff der Ursache ausdrückt, das Gute, das Schöne, das Seiende, das Leben Zeugende, das Weise und alles, was immer die Ursache aller Güte aufgrund ihrer guten Gaben genannt wird ...

---

[49] Damit soll gesagt sein, dass es der Aussagen im Sinne der Negativen Theologie bedarf, weil die herkömmliche Redeweise von Gott stets unangemessen bleibt.

Von der Kraft des Gebets

Nachdem er die göttliche Dreifaltigkeit mit der Bitte um Beistand angerufen hat, wendet sich Dionysius dem Guten als Inbegriff der Gottheit zu. Er tut es in dem Bewusstsein, sich in der Sphäre des Allerheiligsten zu befinden. Diese Tatsache verlangt eine dem Zentrum der Mysterien angemessene Geisteshaltung. Die Bibel verwendet hierfür die Vokabeln „Furcht und Zittern".

III, 1

Zuerst müssen wir mit unseren Gebeten zu ihr – der übergöttlichen Gottheit – als der Urgüte erhoben und ihr nähergebracht und hierbei dann in all die überguten Gaben, die bei ihr hinterlegt sind, eingeweiht werden. Denn sie ist zwar allem nahe, aber nicht alles ist ihr nahe. Dann erst, wenn wir sie mit heiligen Gebeten, ungetrübten Sinnes und der für die Vereinigung mit Gott gemäßen Verfassung anrufen, dann sind auch wir ihr nahe. Denn sie selbst ist an keinem Ort in der Weise zugegen, dass sie von irgendeinem anderen Ort abwesend wäre, oder dass sie aus den einen Orten in die anderen Orte hinübergehen müsste. Aber auch wenn wir sagen, dass sie in allen Wesen sei, so bleibt die Rede doch hinter der Unendlichkeit zurück, welche alles übersteigt und alles umschließt.

Wir wollen uns also mit unseren Gebeten im höheren Aufblick zu den göttlichen und gütigen Strahlen erheben. Ein Gleichnis: Wenn eine lichtstrahlende Kette, an der Höhe des Himmels befestigt, bis zu uns herniederreichte und wir sie immer mit Händen weiter hinauf erfassten, so schiene es, als ob wir sie herabzögen. In Wirklichkeit brächten wir sie aber nicht herunter, da sie ja oben und unten ist. Wir selbst würden vielmehr zu dem höheren Glanz der lichtvollen Strahlen hinaufgehoben.

V. Die Texte

Auch wenn dieses und ein weiteres Beispiel einigermaßen unbeholfen oder wenig einleuchtend anmuten mag, so wird doch deutlich, worum es dem Schreiber geht. Ihm liegt an der Feststellung:

Vor jedem Werk und besonders vor der Lehre über die Offenbarung muss man zuvor mit Gebet beginnen, und zwar nicht, als ob wir die überall gegenwärtige Macht Gottes zu uns heranzögen, sondern indem wir durch göttliche Vergegenwärtigung und durch Anrufungen uns ihr hingeben und uns mit ihr vereinigen.

WIRKWEISEN DES GUTEN UND SCHÖNEN

Dionysius setzt sein Buch über die Göttlichen Namen fort, indem er sich dem zuwendet, was in den traditionellen Schriften als die Güte Gottes und als das höchste Gut bezeichnet wird, das sich in Schönheit darstellt und durch Liebe Gestalt gewinnt. Dabei wird deutlich, in welch großer Nähe und in welch enger Wechselbeziehung er die von Platon her bekannte Idee des Guten und des Schönen als schöpferische Mächte Gottes sieht. Wie nicht anders zu erwarten, korrespondiert für den Areopagiten die biblische Botschaft mit Elementen der griechischen Philosophie. Die im Alten Testament wurzelnde hebräische Überlieferung bleibt bei ihm und anderen ostkirchlichen Theologen eher ausgeblendet. Damit tritt der irdische Jesus als der Jude aus Nazaret in den Hintergrund. Es dominiert der über allem erhabene kosmische Christus.

IV, 1

Der Grund hierfür besteht darin: Die Gottheit als das wesenhaft Gute erstreckt sich durch ihr Sein auf alles Seiende. Denn gleichwie die Sonne ohne Berechnung und ohne Wahl, allein durch ihr bloßes Sein alle Wesen erleuchtet ..., so entsendet auch das Gute analogerweise, freilich im höheren Sinn, allein durch ihr Dasein allem Seienden die Strahlen seiner Gutheit. Durch sie haben alle einsichtsfähigen Wesen, alle Kräfte und Energien ihren Bestand. Durch sie besitzen die geistigen Wesen ... ihr Sein und Leben, ein Leben, das nie versiegt oder abnimmt; rein ist es von jeglicher Verderbnis, von Tod, Materie und Zeugung, ferner ist es enthoben der unsteten, fließenden, bald dahin, bald dorthin zielenden Veränderung.

Als unkörperliche und immaterielle Wesen werden sie erkannt. Als Geister haben sie selber ein überweltliches Erkennen und werden von den Ideen der Dinge durchstrahlt. Sie vermitteln wiederum an die verwandten Wesen die eigenen Erkenntnisse. Von der Güte Gottes haben sie ihre Beharrlichkeit. Von dorther ist ihnen Stellung, Stabilität, Bewahrung und Genuss an den Gütern gewährt. Indem sie zu der Güte Gottes hinstreben, haben sie das Sein ebenso wie das Glücklichsein an und in sich. Sie sind gut gestaltet ...

IV, 2

Von der göttlichen Güte her fügen sich den Engeln die überweltlichen Ordnungen hinzu ... Alles, was zur himmlischen Hierarchie hinzugehört, die engelgemäßen Reinigungen, die überweltlichen Erleuchtungen und das Vollendung schaffende Wirken der ganzen, den Engeln eigenen Vollkommenheit, stammt aus der ursächlichen und quellenartigen Güte ...

Nächst jenen heiligen und geheiligten Geistern existieren auch die Seelen und alles Gute, was den Seelen zugehört, durch die übergute Güte: nämlich dass sie vernunftbegabt sind, dass sie ihr wesenhaftes Leben unverlierbar in seinem Sein besitzen, dass sie, zum Leben der Engel erhoben, durch sie wie durch gute Führer zur gütigen Urquelle aller Güter emporgeführt werden können, dass sie ihrer Natur entsprechend zur Teilnahme an den dort ausströmenden Einstrahlungen gelangen, damit sie nach Möglichkeit gute Gaben mit genießen und überhaupt all das, was wir aufgezählt haben ...

Darüber vergisst der Autor die übrige Geschöpflichkeit nicht, seien es Tiere, Pflanzen und schließlich die unbelebte Materie. Sie alle verdanken ihr das Dasein. Seiner Überzeugung nach liegt darin die Wirkmacht des Guten, die von der Urgottheit herkommt und in Christus Gestalt gewonnen hat. Somit haben die Geschöpfe – es sei bewusst oder unbewusst – daran Anteil. Weitere Ausführungen beziehen sich auf die Welt des gesamten, Zeit, Maß und Bewegung bestimmenden Kosmos; ebenso beziehen sie sich auf dessen Schönheit und Glanz.

IV, 4

Was möchte einer über den Sonnenstrahl, an und für sich betrachtet, sagen? Denn das Licht stammt vom Guten und ist ein Bild der Güte. Deshalb wird auch das Gute mit dem Namen „Licht" gepriesen, weil sich das Urbild im Abbild offenbart. Gleichwie nämlich die Güte der alles übersteigenden Gottheit von den höchsten und vornehmsten Wesen bis zu den untersten herabdringt und doch über allen ist, da weder die oberen Wesen die Überhoheit derselben Güte überragen, noch die unteren aus ihrer Umfassung heraustreten; wie sie vielmehr alles erleuchtet, erschafft, belebt, zusammenhält und vollendet, wie sie das Maß aller Wesen, deren Äon, Zahl, Ordnung, Umfassung, Ursache und Endziel ist – so erleuchtet auch das strahlende Abbild der göttlichen Güte, diese große, durch und durch lichte, immer flammende Sonne, wie ein vielgestaltiges Echo des Guten, alle Körper, die an ihr teilnehmen können. Sie hat von oben her ihr Licht ausgebreitet. Sie lässt den Glanz der ihr eigenen Strahlen über die ganze sichtbare Welt, über Höhen und Tiefen dahinfluten. Und wenn irgendein Wesen nicht daran teilnimmt, so ist das nicht eine Folge ihrer kümmerlichen oder unzulänglichen Lichtspendung, sondern Schuld der Körper, welche wegen ihrer Untauglichkeit für Lichtaufnahme zur Teilnahme am Lichte nicht erschlossen sind.

Ohne Zweifel geht der Strahl durch viele Dinge dieser Art einfach hindurch und beleuchtet das hinter ihnen Liegende. Und es gibt nichts in der sichtbaren Welt, wohin dieser Strahl infolge seiner übergroßen Stärke und des eigenen Glanzes nicht dringen könnte ...

Das Licht ist Maß und Zahl der Jahreszeiten, der Tage und all unserer Zeit ... Und wie die Güte alles zu sich hinkehrt und als ureinheitliche und eins-machende Gottheit von Urbeginn Sammlerin des Zerstreuten ist, so strebt auch alles nach ihr als dem Anbeginn, dem Halt und der Vollendung hin. Das Gute ist es, aus dem – wie die Schrift sagt – alles seine Grundlage empfangen hat und – von einer allvollkommenen Ursache ins Sein gerufen – wirklich existiert. Das Gute ist es, auf dem alles zusammen beruht ...

IV, 6

Geistiges Licht wird daher das alles Licht übertreffende Gute genannt, denn es ist ein quellenhafter Strahl und eine übersprudelnde Lichtausgießung. Diese bestrahlt aus ihrer Lichtfülle heraus alle Geister über der Welt, um die Welt und auf der Welt. Sie verjüngt alle geistigen Kräfte derselben. Sie umschließt alle Geister, denn sie ist über alle ausgebreitet; und über alle erhaben, übertrifft sie alle. Mit einem Wort: Sie enthält als Prinzip des Lichtes und als überlichtes Licht alle Gewalt der lichtspendenden Kraft in sich ...

Denn gleichwie die Unwissenheit die Eigenschaft hat, die Irrenden (von den Wissenden) zu trennen, so ist es der Anwesenheit des geistigen Lichtes eigen, alle, die es erleuchtet, zu sammeln und in eins zu vereinigen, auch zu vervollkommnen. Es ist die Kraft, dieselben von den vielerlei Meinungen hinweg zum wahrhaft Seienden hinzukehren und die bunten Anschauungsbilder, die Vorstellungen zu einer einzigen wahren, reinen und eingestaltigen Erkenntnis zu verbinden und mit dem einen, dem einigendem Licht zu erfüllen.

IV, 7

Eben dieses Gute wird von den Verfassern der heiligen Schriften auch als schön und als Schönheit, als Liebe und als liebenswürdig gefeiert, und was immer andere angemessene Gottesnamen der Schönheit verleihenden und absoluten

Schönheit sind. Man muss aber das Schöne [*kalón*] und die Schönheit [*kállos*] in der alles in eins zusammenfassenden Ursache unterscheiden. Denn bei allem, was ist, unterscheiden wir dieses in Teilnahme und als Teilnehmendes; wir nennen schön, was an der Schönheit Anteil hat. Schönheit aber nennen wir die Teilnahme an jener Ursache, die alles Schöne eben schön macht.

Das überwesentlich Schöne heißt aber Schönheit, weil von ihm jedem Wesen nach seiner Eigenart Schönheit mitgeteilt wird, weil es Ursache der harmonischen Ordnung und des Glanzes aller Dinge ist, sofern es nach Art des Lichtes in alle Wesen seine Schönheit bewirkende Mitteilung des Strahlenquells hineinblitzt. Das ist so, weil es alles zu sich ruft ... und weil es alles in allem in ein und dasselbe zusammenführt ...

Die Ausführungen des Areopagiten über die Güte sind nunmehr – wiederum ganz im Geiste Platons (griech.: kalón kai agathón – schön und gut) – in eine Preisrede auf die Schönheit eingemündet. Bemerkenswerterweise sind für den Lobredner Schönheit und Liebe nicht etwa nur ästhetische Zutat oder Ausschmückung des Guten. Dionysius geht vielmehr so weit, dem Schönen die volle Identität mit dem Guten zuzusprechen. Damit wird der Eindruck einer Neuintonation der christlichen Botschaft erwirkt. Daher rührt der ihr ebenfalls zuerkannte Charakter des Uranfänglichen sowie dessen, was das Ziel und die Vollendung alles Seins ausmacht. Was aus der Güte des einen Gottes seinen Anfang genommen hat, das findet somit am Ende der Zeitenkreise seine Heimkehr, seine Heimholung ins Licht. Auch diese Tatsache ist letztlich ebenfalls ein nicht zu übersteigender Ausdruck des Schönen. Heißt es doch in dem Lied „Schönster Herr Jesus ...":

„Alle die Schönheit, Himmels und der Erden
ist verfasst in dir allein ... "

V. Die Texte

Dem denkt der Autor in seinen folgenden Erwägungen nach. Sie sollen zeigen, dass darin der vorsorgende Liebeswille Gottes Erfüllung und Vollendung findet.

Durch das Schöne bestehen die Harmonien des Alls, durch das Schöne bestehen Freundschaften und Gemeinschaften. Durch das Schöne ist alles geeint. Urbeginn von allem ist das Schöne, weil es die hervorbringende und alles bewegende Ursache ist und alles durch die Liebe zur eigenen Schönheit zusammenhält. Das Schöne ist auch Endabschluss von allem und als Zielursache liebenswert, denn alles wird um des Schönen willen.

Es ist ferner vorbildliche Ursache, weil nach ihm alles bestimmt ist. Deshalb ist auch das Schöne identisch mit dem Guten, weil alles nach jeder ursächlichen Hinsicht das Schöne und das Gute erstrebt. Und es gibt gar kein Wesen, das nicht an dem Schönen und Guten Anteil hat. Ja, sogar das wird meine Rede zu sagen sich erkühnen müssen, dass auch das Nicht-Seiende an dem Schönen und Guten teilnimmt, denn in dem Fall, wo es unter der Negation aller Eigenschaften überwesentlich in Gott gefeiert wird, ist es auch seinerseits schön und gut.

Dieses eine Gute und Schöne ist nun auf eigenartige wie *ein*artige Weise die Ursache all des vielen Schönen und Guten. Von ihm stammen alle wesenhaften Existenzen der Dinge, die Einigungen, die Unterscheidungen, die Identitäten, die Verschiedenheiten, die Ähnlichkeiten, die Unähnlichkeiten, die Gemeinsamkeiten des Entgegengesetzten, die Unvermischtheiten des Geeinten, die fürsorglichen Akte der Höherstehenden, der wechselseitig innere Zusammenhang der gleichstufigen Wesen, die Hinkehr der Tieferstehenden zu den Höheren, das unbewegliche, zur Selbsterhaltung dienende Bleiben und Festbestehen aller Dinge.

Von daher haben auch die Gemeinschaften ihren Ursprung, wie sie jedem Wesen angemessen sind ... Das Schöne bewirkt zuletzt auch die unaufhörliche Verbindung der Wesen, sichert alle niemals versiegende Abfolge der werdenden Dinge, alle irgendwie beständigen Verhältnisse, ja selbst alle Bewegungen der Geister, Seelen und Körper. Denn Stand und Bewegung ist für alle Wesen das Gute und Schöne, das über jedes Stehen und Bewegen erhaben ist und das jeglichem Ding seinen festen Stand anweist, das alle ihm entsprechenden Bewegungsfähigkeiten ihm vereint, genau wie es seiner eigenen Art und seinem eigenen Verhältnis zu allen anderen gemäß ist.

Sodann kommt Dionysius auf das Ursymbol des Kreises zu sprechen, das als Inbegriff des Anfang- und Endlosen anzusehen ist; für ihn ist es eine Möglichkeit, das Überpersönliche ins Bild zu setzen und zur Sprache zu bringen.[50] Die Kreisbewegung ist es, die letztlich auch auf die Bewegung hinweist, die von der Dynamik der Gottheit ihren impulsierenden Ausgang nimmt. Darin sieht der Autor sogleich den Grund einer Entsprechung zwischen Gott und der menschlichen Seele. Es kommt darauf an, dass sie und damit der im Werden begriffene Mensch ihre beziehungsweise seine Mitte findet, das heißt: ihre Gott zugewandte, mit ihm nach Vereinigung strebende Seelentiefe, sei es in Gestalt der mystischen, später von Meister Eckhart bezeugten Gottesgeburt im Seelengrund, sei es in der sakramentalen Kommunion. Erfahrungsgemäß stehen die Sakramente allen offen, während der mystische Weg zu dem Einen eher relativ Wenigen zugänglich bleibt. Das gilt auch für die kosmischen Dimensionen des Kreissymbols. Hildegard von Bingen war nicht die Einzige, die diese Tatsache in ihren Schriften, etwa „Sci vias – Wisse die Wege Gottes" eindrucksvoll ins Bild gesetzt hat. Belegt ist dies im berühmten Rupertsberger Bilderkodex.[51]

---

[50] Man denke auch an die universelle Mandala-Symbolik, wie sie einerseits in der fernöstlichen Geisteswelt (Hinduismus, Buddhismus, Taoismus) als Ausdruck des Wegs zur Mitte, sodann in der westlichen Kunst, einschließlich ihrer tiefenpsychologischen Deutung speziell bei C.G. Jung, in Erscheinung getreten ist.

[51] Hildegard von Bingen. Ausgewählt und kommentiert von Gerhard Wehr. Wiesbaden 2012.

IV, 9

Bei der Seele bedeutet die kreisförmige Bewegung ihr Eintreten von außen in sich selbst, in die eingestaltige Konzentration ihrer geistigen Kräfte, welche sie gleichwie innerhalb eines Kreises vor Abschweifung bewahrt und von der Vielheit der äußeren Dinge hinweg wendet und sich sammelt. Das geschieht zuerst in sich selbst; dann weil sie eingestaltig geworden ist, strebt sie zu den durch Läuterung ebenfalls einartig gewordenen Engel-Mächten. Von ihnen lässt sie sich zum Schönen und Guten geleiten, das über allen Wesen ist, nämlich stets als das Eine, Dasselbe, das Anfang- und Endelose.

Beim Weiterlesen des langatmig wirkenden Textes kann man den Eindruck gewinnen, dass Dionysius in seiner von Ergriffenheit bewegten Schilderung gar nicht ausführlich genug sein kann, weil er immer neue Aspekte benennen muss, durch die das Schöne wie das mit ihm verbundene Gute charakterisiert ist. Was als weitschweifig oder umständlich anmutet, soll dem Leser wohl zur meditativen Einübung dienen, indem er veranlasst wird, sich Zug um Zug um eine entsprechende Vergegenwärtigung dessen zu bemühen, was der Autor seinerseits in den Blick fasst. Das Sein und das Werden sind erst durch die Schönheit belebt. Indem alles Belebte dahin strebt, gewinnt es Anteil an ihrem Sein. Nun kommt es Mal um Mal darauf an, dessen gewahr zu werden.

IV, 10

Das Schöne und Gute, das über alles Stehen, Ruhen und Bewegen Erhabene, ist Ursache der drei Bewegungsweisen in diesem Universum, sowohl bei den Geistern und Seelen, als auch bei den mit Empfindung begabten Wesen, und es ist noch viel mehr Ursache der Beharrlichkeiten, Stetigkeiten und Festigkeiten jedes Dinges. Es ist das Schöne und Gute das Band, das alles zusammenhält und abschließt, während es über aller Stetigkeit und Bewegung ist.

Das Schöne und Gute ist dasjenige, durch das, aus dem, in dem, zu welchem hin und um dessen willen alle Stetigkeit und Bewegung ist. Denn aus ihm und durch es ist alle Wesenheit und alles Leben, sowohl des Geistes als der Seele. Aus ihm stammen ferner die winzigen, die gleichen und die mächtigen Größenverhältnisse der Gesamtnatur. Dazu gehören alle Maße, die analogen Züge in den Dingen, die Harmonien, die Mischungen, die Totalitäten, die Teile, jedes Eine und jede Vielheit, die Verknüpfungen, die Einigungen jeder Vielheit ...

Alles, was ist und wird, ist und wird wegen des Schönen und Guten. Alles schaut nach ihm und wird von ihm bewegt und zusammengehalten. Um seinetwillen und durch dasselbe gestaltende, elementare Prinzip ... Oder um es zusammenfassend zu sagen: Alle Dinge sind aus dem Schönen und Guten abgeleitet. Und alles, was kein Sein hat, ist überwesentlich in dem Schönen und Guten. Es ist Anfang und Ende von allem, über jedem Anfang und über jeder Vollendung. Denn aus ihm und durch ihn und in ihm und zu ihm ist alles, wie die Heilige Schrift (Röm 11,36) sagt ...

Nach dem Schönen und Guten strebend, tun und wollen alle Wesen, was immer sie tun und wollen. Ja, die wahrhafte Rede wird auch kühn zu behaupten wagen, dass selbst der Urheber von allem wegen des Übermaßes an Güte alles liebt, alles macht, alles vollendet, alles zusammenhält, alles zu sich hinwendet. Und dass auch die göttliche Liebe gütig ist wegen der Gutheit des Guten. Denn eben die gütig wirkende Liebe zum Seienden, die im Guten überschwänglich vorausexistiert, ließ den göttlichen Urheber nicht unfruchtbar in sich selbst verbleiben, sondern bewog ihn, gemäß der Überfülle seiner allschöpferischen Kraft zu wirken.

Wenn Dionysius auf die göttliche Liebe zu sprechen kommt, geht er auf die unterschiedliche Bedeutung der griechischen Vokabeln ein: „Eros" ist nach klassischem Sprachgebrauch die Bezeichnung für die leidenschaftlich begehrende

Liebe; „Agape" *in christlicher Bewertung die selbstlose, ehrfurchtsvolle, karitativ tätige, auch auf Erkenntnis bezogene Liebe. So hat sie sich in der Theologie sowie in der kirchlichen Verkündigung eingebürgert. Der dem hellenistischen Denken verpflichtete Autor setzt andere Akzente. Er legt in seiner Erklärung des Wortes besonderen Wert auf die Feststellung, dass man die Verwendung des Eros-Namens nicht generell geringschätzen oder gar verdächtigen möge. Man möge nur an die hohe Einschätzung des Eros im Symposion-Dialog Platons denken. Dass das Erotische sich in Geschichte und Gegenwart auf ganz anderen Ebenen ausgelebt hat und weiterhin in oft problematischer Weise manifestiert, bedarf keiner Erläuterung. Freilich macht Dionysius einen nicht zu vernachlässigenden Unterschied zwischen dem* „wahren Eros" *und dessen minderwertigem Schattenbild, das die* „große Menge" *der Uneingeweihten meint, die von dem Einen, dem Eingestaltigen (noch) keine Ahnung hat. Und für Dionysius Areopagita ist es dieser* „wahre Eros", *und nur er, der dem Wesen des Einen, des höchsten Guten und des Schönen entspricht. Insofern betrachtet er den so gedeuteten Eros als einen der christlichen Agape ebenbürtigen Gottesnamen.*[52] *Und damit bleibt er nicht einmal stehen, wie der anschließende Text von der Höherwertigkeit von Eros-Amor zeigen will.*

IV, 12

Ja, einigen unserer heiligen Lehrer schien der Name Eros noch göttlicher zu sein als der Name Agape. Ignatius von Antiochien schreibt: „Meine Liebe ist gekreuzigt" [*ho emòs éros estaúrotai*][53]. Und in den einleitenden Schriften der heiligen Bücher (Weish 8,2) wirst du einen finden, der über

---

[52] Hierzu ausführlicher Jan A. Aertsen: Eros und Agape. Dionysius Areopagita und Thomas von Aquin über die Doppelgestalt der Liebe, in: Geist, Eros und Agape. Hrsg. Edith Düsing und Hans-Dieter Klein. Würzburg 2009, S. 191 ff.
[53] Ignatius: Ad Rom 7,2.

die göttliche Weisheit sagt: „Ein Liebender [*erastés*] ihrer Schönheit bin ich geworden." Lasst uns daher diesen Namen Eros nicht scheuen; und es soll uns kein erschreckender Einwurf dagegen verwirren!

Mir scheint es, dass die Hagiographen den Namen Eros und Agape zwar einen gemeinsamen Sinn beilegen, aber wegen des törichten Vorurteils solcher Menschen den göttlichen Dingen lieber den wahren Eros zuschreiben. Denn während der wahre Eros nicht bloß von uns, sondern selbst von den heiligen Schriften gottgeziemend gefeiert wird, erfasste die große Menge nicht das Eingestaltige, das in dem Eros-Gottesnamen ausgedrückt ist, sondern glitt, ihrer eigenen Natur entsprechend, zum geteilten und sinnlich-leiblichen und zertrennten Eros hinab. Der ist nicht der wahre Eros, sondern ein Schattenbild, ja vielmehr ein Abfall vom wahren Eros. Denn für die Menge ist das Eingestaltige des göttlichen und wahren Eros unfassbar. Daher wird dieser Name ... lieber auf die göttliche Weisheit angewendet, um die Menschen zur Kenntnis des wahren Eros emporzuführen und aufzurichten, damit sie von dem ihm anhaftenden Mangel befreit werden.

In den Beziehungen unter uns dagegen, wo die erdhaft gesinnten Menschen oft auch etwas Ungehöriges vermuten könnten, findet sich der dem Anschein nach schonendere Name Agape gebraucht ... Für diejenigen aber, welche in der rechten Weise auf das Göttliche hören, wird von den Hagiographen der Name Eros und Agape gemäß den heiligen Offenbarungen in ein und derselben Bedeutung verwendet. Und es besitzt dieser Name eine im Guten und Schönen einigende, bindende und vorzüglich vermischende Kraft ...

Dass göttliche Namen qualitativ mehr sind als bloße Benennungen, wie sie im menschlichen Leben Anwendung finden, macht der Areopagite immer wieder deutlich, indem er – hinsichtlich seines qualitativen Namensverständnisses – bald auf deren impulsierende Kraftwirkung, bald auf deren ekstatisch-erhebende Tendenz aufmerksam macht. Er fühlt sich darin durch den Apostel, den „großen Paulus", wie er sagt, bestätigt. Dessen mystische Erfahrung in Gestalt seiner Christus-Verbundenheit (Gal 2,20) ist als Wirklichkeit bezeugt; denn nun ist es Christus selbst, der in Gestalt des Glaubens in ihm lebt.

IV, 13

Die göttliche Liebe ist nämlich auch entrückend (*ekstatikós*) und duldet nicht, dass die Liebenden sich selber angehören, sondern nur dem Geliebten. Die höheren Wesen zeigen dies dadurch, dass sie Fürsorger der tiefer stehenden sind, die gleichstufigen Naturen durch gegenseitiges Zusammenschließen, die untergeordneten durch die göttlichere Hinkehr zu den obersten. Deshalb ruft auch der große Paulus, im Banne der göttlichen Liebe und ihrer ekstatischen Kraft teilhaftig, mit gotterfülltem Mund: „Nicht ich bin es, der lebt, sondern Christus lebt in mir."

So spricht er als ein wahrhaft Liebender, der, wie er selbst sagt, aus sich heraus zu Gott getreten ist und nicht mehr sein eigenes Leben, sondern das der Liebenden als ein überaus geliebtes Leben auslebt. Im Interesse der Wahrheit müssen wir auch dies zu sagen wagen, dass selbst der Urheber der Welt durch die schöne und gute Liebe zum All, wegen der Überfülle der liebenden Güte in den auf alle Wesen sich erstreckenden Akten der Vorsehung aus sich heraustritt und von Güte, Liebesgesinnung und Liebesglut überwältigt wird.

Aus der alles überragenden und allem entrückten Höhe wird er in ekstatischer, überwesentlicher Kraft, ohne aus sich herauszugehen, zur Tiefe in alle Dinge herabgezogen. Deshalb nennen ihn die in göttlichen Dingen Kundigen einen Eiferer, weil er seine Liebesglut [*éros*] zu den Wesen in reichlichem Maße erweist; weil er die Eros-Sehnsucht nach ihm zum Eifern entzündet und sich selbst als Eiferer darstellt ... Kurz: Sache des Schönen und Guten ist das Liebenswerte [*to erastón*] und die Liebesglut [*éros*]; im Schönen und Guten ist sie von vornherein begründet. Durch das Schöne und Gute ist sie und wird sie.

IV, 14

Was wollen eigentlich die Hagiographen, wenn sie Gott bald Liebe [*éros*] und Liebesgesinnung [*agápe*], bald liebreizend [*erastón*] und liebenswert [*agapetón*] nennen? – Er ist nämlich Urheber, gleichsam Hervorbringer und Erzeuger des einen, das andere ist er selbst. Durch das eine wird er bewegt, durch das andere bewegt er. Mit anderen Worten: Er ist Hervorbringer und Beweger seiner selbst für sich selbst ...

Und wieder erblickt Dionysius in der Gestalt des Kreises das ihm allein angemessen scheinende Symbol für das Unbegrenzte, zugleich als ein Ausdruck des Ewigen. Dabei hat er offensichtlich an die bereits erwähnte Formulierung aus dem Römerbrief (Kap. 11,33) gedacht: „O welch eine Tiefe des Reichtums, beides, der Weisheit und der Erkenntnis Gottes! Wie gar unbegreiflich sind seine Gerichte und wie unerforschlich seine Wege!"

Hierin zeigt der göttliche Eros auf vorzügliche Weise das Endlose und Anfanglose seiner Natur auf vorzügliche Weise, gleichsam wie ein ewiger Kreis, wegen des Guten, aus dem Guten, im Guten und hin zum Guten in nie irrenden Kreisen sich umschwingend, in ein und demselben Wesen ...

In den folgenden Abschnitten beruft sich Dionysius auf seinen wiederholt genannten geistlichen Gewährsmann mit dem an sich bereits bedeutsamen, an das Heilige und an Gott erinnernden Namen Hierotheos, indem er auf dessen (nicht bekannte) Eros-Hymnen zu sprechen kommt. Dabei nimmt er Bezug auf die hierarchischen Abstufungen, die von ihm in den Schriften zu den himmlischen und kirchlichen Hie-

rarchien (in CH und EH) ausführlich dargestellt wurden. Aus dem nunmehr besprochenen Zusammenhang bezeichnet er die in den Blick gefassten Wesen "Eroten", insofern sie als Träger und Impulsgeber der Gottesliebe verstanden werden sollen. Gleichzeitig räumt er ein, dass der göttliche und auf Gott bezogene, der Engelssphäre nahe Eros auf verschiedenen Ebenen, von der physischen bis zur göttlichen, in Erscheinung trete. Somit ist dem für Dionysius in seinen Schriften stets wichtigen Stufencharakter Rechnung getragen.

IV, 15–17

Den Eros, er sei göttlich oder engelhaft oder geistig oder psychisch oder physisch, lasst uns als eine einigende oder vermischende Kraft verstehen, welche die höheren Wesen zur Fürsorge für die schwächeren, die gleichartigen wiederum zum gemeinschaftlichen Ineinander und an letzter Stelle die untergeordneten zur Hinkehr zu den höheren und übergeordneten Wesen antreibt.

Wir haben die vielen aus dem einen Eros hervorgehenden Eroten in eine Stufenordnung gebracht, indem wir der Reihe nach zeigten, wie beschaffen die Erkenntnisse und Kräfte der innerweltlichen und überweltlichen Eroten seien, wodurch – entsprechend dem zugewiesenen Zweck der Rede – die Engel-Chöre und Ordnungen der intelligiblen und intellektuellen Eroten den Vorrang haben ...

Jetzt aber wollen wir wieder zurückgreifen und alle Eroten auf den einen zusammengeschlossenen Eros und den gemeinsamen Vater von ihnen allen zusammenführen. Dabei wollen wir aus der Vielzahl sie zuerst in zwei Eros-Kräfte vereinigen, über welche die erfassbare Ursache des über alles erhabenen Gesamt-Eros herrscht und den Vorrang innehat ...[54]

---

[54] Das geschieht analog der Vorstellung Platons, für den das Gute mit dem göttlich-Einen (*to hen*) wesensgleich ist.

Nun wollen wir denn auch diese Liebeskräfte wieder in Eines zusammenbringen, weil es die eine und eine einfache, also eine gewisse Liebeskraft gibt, welche selbstbewegt und selbstbewegend einen tragenden Grund der Ruhe schafft ... So tritt diese Urkraft zur ersehnten Einigung und Vermischung aus dem Urguten hervor. Sie dringt vor, bis zu den äußersten Seinssphären aller Wesen. Von da kehrt sie wieder zurück, um schließlich schöpferisch auf die gleiche Weise sich selbst zu umkreisen.

Für Dionysius Areopagita ist es eine Tatsache, dass alles Schöne und Gute allen Wesen, der unteren wie der oberen Welt, gleichsam eingeboren ist, zumal sie dem Schönen und Guten entstammen. Auf diese Weise sind sie auf das Eine hin ausgerichtet. Da fragt sich auch, wie es sich dann mit dem Gegenteiligen, dem Bösen, und mit dem Üblen verhält, das als eine Großmacht erfahren und erlitten wird. Kann man in ihm überhaupt eine ebenbürtige Wirklichkeit erblicken? Geht es lediglich um einen Mangel an Gutem oder muss dem Bösen der Charakter der abgrundtiefen Widersachermacht zuerkannt werden, mit der es kein Einvernehmen geben kann? Als Fragesteller wagt Dionysius, von einem Vergleich ausgehend, die These, mit der er die Eigenexistenz des Bösen – man darf heute gewiss sagen: erstaunlicherweise – in Zweifel zieht, weil er von der Übermacht des Guten durchdrungen ist. Er meint das Böse daher relativieren zu können – eine grandiose Fehleinschätzung der zugrunde liegenden Wirklichkeit, die keine Akzeptanz erträgt? So ist es wohl die Vorherrschaft des Guten, deren sich Dionysius gewiss ist, des Guten, das ihn sagen lässt:

IV, 19

... Dem Feuer ist es nicht möglich zu kühlen, und dem Guten ist es nicht möglich, das Nicht-Gute hervorzubringen. Und wenn alle Wesen aus dem Guten sind ..., dann ist keines der Wesen aus dem Übel. Auch an und für sich selbst ist das Übel gar nicht existierend, da es für sich selbst ein Übel wäre. Und wenn dem nicht so ist, so ist das Übel nicht in jeder Beziehung ein Übel, sondern hat – geheimnisvollerweise – einen Anteil am Guten, wodurch es überhaupt existiert. [Um es nochmals zu betonen:] Alle Wesen verlangen nach dem Schönen und Guten. Alles, was sie tun, wirken sie wegen des Schönen und Guten, sofern es ihnen als solches erscheint. Und jedes Streben der Wesen hat zum Ausgangs- wie zum Endpunkt das Gute. Denn kein Ding ist bei all seinem Wirken dem Bösen zugewandt ...

Wenn das Seiende aus dem Guten stammt und das Gute über allem Seienden steht, ja über es hinausreicht, so ist im Guten auch das [angeblich] Nichtseiende präsent ... Das Gute wird also eine viel höhere Stellung innehaben als das einfach Seiende und als das Nichtseiende. Das Übel ist demnach weder in den existierenden noch in den nichtexistierenden Dingen, sondern vom Guten noch weiter entfernt als das Nichtseiende, weil es fremdartig und noch wesenloser ist.

IV, 21

Auch in den existierenden Dingen ist das Übel nicht vorhanden. Denn wenn alle Wesen aus dem Guten stammen und das Gute in allen Dingen ist und alle umschließt, so kann das Übel entweder überhaupt nicht in den existierenden Dingen sich finden; oder es muss im absoluten Guten sein. Im Guten aber ist es auf keinen Fall. Und die Verschlechterung ist ebenso wenig in dem Guten, das ja selbst das Böse zum Guten macht.

Wenn es aber darin sein sollte, wie wird das Böse im Guten sein? Die Annahme, dass es aus ihm stamme, ist eine Absurdität und Unmöglichkeit. „Ein guter Baum kann ja", wie die Wahrheit der Schrift (Mt 7,18) sagt, „keine bösen Früchte hervorbringen." Und auch das Umgekehrte trifft nicht zu. Wenn aber das Böse nicht aus dem Guten ist, so stammt es offenbar aus einem anderen Prinzip und Ursprung ... Aber auch aus Gott ist das Böse nicht ... Das Böse ist nicht aus Gott und nicht in Gott, weder einfachhin noch zeitweilig.

In den nachfolgenden Ausführungen macht sich Dionysius große Mühe, seine zweifellos problematische These zu stützen. Er sieht sie auch nicht durch die von Platon her denkbare Annahme gefährdet, dass etwa die Materie Ursprung oder Sitz des Bösen sein könne, weil auch sie, wie er ausdrücklich behauptet, „Anteil an Zierde [griech.: kósmos], Schönheit und Form" habe (DN IV, 28). Statt von dem biblisch begründeten Glauben als maßgebliche Voraussetzung von der guten Schöpfung Gottes auszugehen, argumentiert Dionysius – auf seine Weise – philosophisch:

Wenn die Materie irgendein Sein hat, die seienden Dinge aber alle aus dem Guten sind, dann dürfte sie wohl auch aus dem Guten stammen. Und so ist entweder das Gute dazu angetan, Böses hervorzubringen, oder das Böse ist auch gut, weil es aus dem Guten stammt ... Und wenn man geltend macht, die Materie sei notwendig zu einem vollendeten Abschluss des Weltganzen, wie ist – unter dieser Voraussetzung – die Materie dann ein Übel? Denn etwas anderes ist das Übel, etwas anderes das Notwendige. Wie soll aber das Gute irgendetwas aus dem Bösen ins Dasein rufen und entstehen lassen? ... Mithin kommt das Böse in den Seelen nicht von der Materie ...

In den weiteren Abschnitten dieses relativ ausführlichen Kapitels fasst Dionysius das bisher Besprochene in folgender Weise zusammen:

IV, 30–32

Das Gute stammt aus der einen und universellen Tatsache, das Böse aber aus vielen und partialen Defekten.[55] Gott kennt das Übel, sofern es [im Grunde dennoch] gut ist; und bei ihm sind die Ursachen der Übel Gutes wirkende Kräfte ... Die Ursache des Guten ist das Eine. Wenn nun das Böse dem Guten entgegengesetzt ist, so sind die Ursachen des Bösen viele. Die schöpferischen Faktoren des Bösen sind nicht Prinzipien und positive Kräfte, sondern Ohnmacht, Schwäche, unsymmetrische Vermischung der unähnlichen Dinge ... Das Gute ist Ausgangs- und Endpunkt auch aller Übel, denn um des Guten willen ist alles, was gut ist und was ihm entgegengesetzt ist, denn auch dieses tun wir nur, weil wir nach dem Guten verlangen ...

---

[55] Daraus ergibt sich die Annahme des Areopagiten, das Böse sei lediglich Ausdruck eines Mangels an dem Guten.

ÜBER DAS LEBEN

Zum Katalog der von Dionysius besprochenen Gottesnamen gehört das im Ewigen gegründete Leben, das ewige Leben. Der Prolog des Johannesevangeliums (Joh 1,49: „In ihm – dem göttlichen Wort – war das Leben, und das Leben war das Licht der Menschen ...") kündet von diesem Namen. Auch das Leben der unsterblichen Engel – so hebt Dionysius hervor – tritt aus der Gottheit Leben schaffend hervor. Dies macht deren Unsterblichkeit aus, ist doch Gott der Grund und die All-Ursache, der jegliches Leben Sein und Vollendung verdankt. Im VI. Kapitel des Buches „Über die göttlichen Namen" heißt es hierzu:

VI, 1

So wie wir vom seienden Gott sagen, dass er der Äon des An-sich-Seins ist, so sagen wir auch hier wiederum, dass das über alles [geschöpfliche] Leben erhabene göttliche Leben als dem An-sich-Sein Leben und Grundlage verleiht. Alles Leben und alle Weisen der Lebensäußerung stammen aus jenem [ewigen] Leben, welches über alles Leben und über jeglichem Lebensprinzip liegt. Von ihm haben auch die Seelen die Unvergänglichkeit ihres Seins. Alle Tiere und Pflanzen haben von ihm ihr Leben, etwa in Gestalt eines äußersten Widerhalls jenes [ursprünglichen] Lebens. Wird es ihnen entzogen, dann schwindet jegliche Lebensäußerung. Aber in der abermaligen Hinkehr zu ihm werden auch die [betreffenden] Wesen ... wieder zu lebendigen Wesen.

V. Die Texte

VI, 2

Zuerst verleiht das göttliche Leben dem Leben an sich die Beschaffenheit, dass es lebendig ist; und dann allem Leben insgesamt wie jedem Einzelnen, dass es der eigenen Natur entsprechend das sei, was es seiner Natur gemäß zu sein hat. Den überhimmlischen Lebewesen verleiht das Leben die immaterielle, gottähnliche und unveränderliche Unsterblichkeit, dazu das unwandelbare, nie abweichende Immer-Bewegtsein.

Wegen der Überfülle von Güte erstreckt es sich auch über das Leben der Dämonen. Denn nicht einmal dieses hat das Sein von irgendeiner anderen Ursache. Es verdankt vielmehr ihm, dass es Leben ist und Leben bleibt.

Den Menschen hingegen verleiht es das ihnen als gemischten Wesen mögliche engelähnliche Leben und wendet uns infolge seines Überquellens an Menschenfreundlichkeit auch aus unserer Abkehr zu sich hin. Es ruft uns zu sich zurück und hat uns auch, was noch göttlicher ist, versprochen, uns ... in ein vollkommenes Leben, nämlich in die Unsterblichkeit zu versetzen.[56] Das ist ein Vorgang, der dem Altertum wohl wider die Natur zu sein scheinen möchte. Mir aber und dir und der Wahrheit erscheint es sogar göttlich und über die Natur hinausgehend. Wenn ich sage: „über die Natur", so meine ich unsere sichtbare Erscheinung, nicht die allmächtige des göttlichen Lebens ...

VI, 3

Von ihr, der göttlichen Allursache aus wird alles belebt und gehegt, irdische Lebewesen und Pflanzen. Magst du von einem vernünftigen oder sensiblen oder vegetativen oder wachsenden oder sonstigem Leben reden, so lebt es

---

[56] Hier wird einmal mehr die Abhängigkeit vom hellenistischen Denken deutlich, das anstelle der Auferstehungsgewissheit auf die platonische Unsterblichkeit der Seele setzt.

[stets] aus ihm. Es ist ein mitgeteiltes Leben, ein Leben aus dem über allem erhabenen [göttlichen] Leben. Es hat in diesem ursächlich und in eingestaltiger Weise von Anfang an sein Bestehen. Denn das überlebensvolle und quellenhafte Leben ist überhaupt Ursache jeglicher Lebenserscheinung, Leben zeugend, Leben abschließend und Leben auflösend ... Überfülle des Lebens, Leben aus sich selbst, Leben spendend und überlebensvoll jedem [geschöpflichen] Leben entrückt ...

Über Weisheit, Wahrheit und Glauben

VII, 1

Lasst uns nun das gütige und ewige Leben auch feiern als weise und als Weisheit an sich, als jegliche Weisheit begründend, über alle Weisheit und Einsicht erhaben. Denn Gott ist nicht nur der Weisheit übervoll, sodass es für sein Erkennen kein Maß gibt, sondern er ist auch über jeden Gedanken, Verstand und alle Weisheit erhaben.

Das hat auch der wahrhaft göttlich zu nennende Mann (Paulus, 1 Kor 1,25) ... auf übernatürliche Weise erkannt und deshalb gesagt: „Was Torheit bei Gott ist, das ist weiser als die Weisheit der Menschen", und zwar nicht bloß insofern, als alles menschliche Denken, an der Stetigkeit und Dauer der göttlichen vollkommensten Erkenntnis gemessen, gleichsam Irrtum ist, sondern auch insofern, als es den Hagiographen eigentümlich ist, die Gottesbezeichnungen im entgegengesetzten Sinn auszusagen ...

Im Sinne des Apostels Paulus hat Dionysius Areopagita nicht nur darauf hinzuweisen, dass das, was von Gott her betrachtet als Torheit erscheint, jedoch als eine dem menschlichen Verstehen übergeordnete Weisheit anzusehen ist. Er hat auch darauf aufmerksam zu machen, dass wir mit unseren Sinnen nicht zu Wahrnehmungen und Einsichten gelangen können, die in den göttlichen Bereich vordringen. Das gilt auch für Menschen, die sich übersinnlicher Begabungen der spirituellen Schau bedienen können, zumal das über den Sinnen Liegende mit dem Transzendenten nicht verwechselt werden darf. Thomas von Aquin hat dergleichen den „praeambula fidei" zugerechnet, also dem immer noch menschlichen Bereich als „Vorspiel des Glaubens". Dionysius geht seinerseits von Aussagen über Weisheit und Erkenntnis aus, wie sie sich bei Paulus, unter anderem im ersten und zweiten Korintherbrief finden: „Unser Wissen ist Stückwerk und unser Weissagen ist Stückwerk ..." Das Vollkommene liegt außerhalb dessen, was in diesem Äon verfügbar ist. Das Zeitliche hat keinen Zugriff auf das Ewige. Daher die nochmalige Hervorhebung des Paulus-Wortes, demzufolge alle Weisheit und Erkenntnis in Gott aufgehoben und uns damit gesichert ist.

Während wir nämlich das über uns Liegende in der uns entsprechenden Weise auffassen und, in die uns vertrauten Sinneswahrnehmungen verstrickt, auch die göttlichen Dinge mit denen aus unserem Bereich vergleichen, verfallen wir in Irrtum, indem wir mit dem Maßstab des Sichtbaren das göttliche und unaussprechliche Verhältnis zu erkennen suchen. Man muss ja wissen, dass unser Verstand zwar jene Kraft zu erkennen hat, durch welche er das Erkennbare schaut, dass dagegen jene [höchste] Einigung die Natur des Verstandes überragt ...
Nur auf dem Weg der Einigung [*hénosis*] wird das Göttliche denen gegeben sein, die mit Gott vereinigt sind. Lasst uns also diese [anscheinend] unverständige, unvernünftige und törichte Weisheit überschwänglich feiern und erklären, dass sie Ursache jeglichen Verstandes und jeglicher Vernunft und aller Weisheit und Einsicht ist. Ihr ist aller Rat eigen, und von ihr stammt alle Erkenntnis und Einsicht; und in ihr sind alle Schätze der Weisheit und der Erkenntnis verborgen ...

VII, 3

Die Frage nach der Erkennbarkeit Gottes spielt, wie bekannt, im geistigen Ringen des Areopagiten eine große Rolle. Für ihn gibt es einerseits den Aspekt, den Schöpfer mithilfe von Wahrnehmung und Reflexion an seinen und durch seine Schöpfungen kennenzulernen. Nur insofern – also in

V. Die Texte

begrenzter Weise – gibt es „Theologie", im herkömmlichen Sinn des Wortes als ein „Reden von Gott". Sehr viel bedeutsamer aber ist es gerade für Dionysius, den Autor der „Mystischen Theologie", auf die durch kein Menschenwort erhellbare Dunkelheit der Gottheit hinzuweisen. Sie entspricht, wie die Schrift (1 Tim 6,16) sagt, einem Licht, zu dem es im Grunde keinen Zugang gibt. Und das hat Nichterkennen und Abgeschlossenheit zur Folge. Damit kommt von Neuem die von Dionysius betriebene Negative Theologie ins Spiel. Wie bekannt, dient sie ihm dazu, sich dessen bewusst zu bleiben, dass keine menschliche Aussage, auch keine Rühmung hinreicht, den Allheiligen in angemessener Weise zu bezeugen. Alles andere entspräche einer Illusion. Dennoch gehören beide Aspekte, der bejahende wie der verneinende, in ihrer Widersprüchlichkeit zusammen, geht es bei dem „Einen" doch um ein einziges großes, um ein für den Menschen verschlossenes, aber von Gott her „offenbares Geheimnis"... Auf die Paradoxie dies „Erkennens" und Nichterkennens, die erwogen sein will, macht Dionysius im Folgenden selbst aufmerksam.

Nun ist zu fragen, auf welche Weise wir Gott [eigentlich] erkennen, da er weder Gegenstand des verstandesmäßigen Erkennens noch einer Sinneswahrnehmung, noch überhaupt etwas von den Dingen ist. Dürfte also nicht in Wahrheit zu behaupten sein, dass wir Gott aus seiner eigenen Natur gar nicht erkennen ...? Wohl aber aus der Ordnung und Einrichtung des ganzen Universums ...[57] Es gibt [insofern] von ihm Erkenntnis, Verstehen, Wissenschaft, Berührung, Sinneswahrnehmungen, Meinung, Fantasie und Name, sowie alles andere. Und doch wird er [im letzten Grund] weder erkannt noch ausgesprochen noch genannt.

Er ist nichts von allem, was existiert, auch wird er [demgemäß] von keinem der existierenden Dinge erkannt. Er ist

---

[57] Das heißt: Der Schöpfer wird an seiner Schöpfung „erkannt", so vorläufig und – nach 1 Kor 13 – uneigentlich diese „Erkenntnis" beschaffen sein mag.

in allem alles und in keinem Dinge etwas. Er wird aus allen Dingen von allen erkannt und – paradoxerweise gleichzeitig – aus keinem Ding von irgendjemandem erkannt. Denn mit Recht machen wir auch solche positive und negative Aussagen von Gott. Aufgrund von allem Seienden wird Gott gemäß der Ähnlichkeit von allem, dessen Ursache er ist, gefeiert. Und die göttlichste Erkenntnis Gottes ist wiederum diejenige, welche infolge der überintellektuellen Einigung durch Nichterkenntnis vermittelt ist. Wenn nämlich der Intellekt von allem Seienden zurücktritt und dann sich selbst verlässt, wird er mit den überhellen Strahlen geeint. Von dorther und dort wird er mit der unerforschlichen Tiefe der Weisheit bestrahlt … Sie verknüpft allezeit die Enden der höheren Ordnung mit den Anfängen der tieferen und stellt eine einzige Eintracht und Harmonie des Ganzen auf schöne Weise her.

VII, 4

Als Vernunft (*lógos*) wird Gott von den heiligen Schriften gefeiert, und zwar nicht bloß aus dem Grund, weil er Spender der Vernunft und des Verstandes, auch der Weisheit ist, sondern weil er darüber hinaus die Ursachen von allem gleichsam eingestaltig in sich enthält und weil er alles durchdringt … Die Vernunft ist die einfach und wirklich seiende Wahrheit, auf welche als reine und untrügliche Erkenntnis von allem der göttliche Glaube gerichtet ist. Er ist die bleibende unerschütterliche Basis der Gläubigen, welche dieses auf der Wahrheit fußen lässt und die Wahrheit in ihnen begründet …

Wenn die Erkenntnis die Eigenschaft hat, Erkennende und Erkanntes zu einigen, die Unwissenheit dagegen für den Unwissenden immerdar Ursache der Veränderung und seiner eigenen inneren Spaltung der Veränderung ist, so wird den in der Wahrheit Gläubigen … nichts von dem Fundament des wahren Glaubens abbringen.

Wer fest mit der Wahrheit verbunden ist, der weiß recht gut, dass er sich wohl befindet, mag ihn auch die große Menge wie einen schelten, der außer sich, der von Sinnen ist. Denn es entgeht ihnen natürlich, dass er außerhalb des Irrtums durch den echten Glauben zur Wahrheit herausgetreten ist.

Auf dem Weg zur Erlösung

Mit seinen Deutungsversuchen geht der Autor im anschließenden Gedankengang (Kapitel 8) daran, sich solchen Namen zuzuwenden, die die Erhabenheit Gottes in besonderer Weise charakterisieren. Dazu gehört die Rede von der Allmacht der Urgottheit, die der Durchsetzung der Gerechtigkeit dient und die damit auf den Weg zum Heil, also zur endgültigen Erlösung alles Geschaffenen, führt. Er fragt sich in diesem Zusammenhang, was die Hagiographen als Autoren der Heiligen Schrift zur Herausstellung des Machtprinzips wohl bewogen haben mag. Wie sollen wir demnach auf dieser Seinsebene diese – menschlich betrachtet: überaus ambivalenten – Manifestationen der „Macht" auffassen, wie sollen wir ihnen begegnen? Ist es doch allein Gott selbst, dem alle Macht im Himmel und auf Erden zukommt.

VIII, 2

Auch hier werden wir zunächst wieder sagen: Gott selbst ist Macht, insofern er alle Macht seit je und in Überfülle besitzt; das heißt, insofern er jeglicher Macht Ursache ist, alles in unentwegter und unbegrenzter Macht ins Dasein ruft; auch insofern er Ursache ist, dass überhaupt Macht ein Sein hat, sei es hinsichtlich ihres Gesamtumfangs oder im Hinblick auf einzelne Aspekte ihres Erscheinens ...

Weiterhin nennen wir Gott „Macht", weil die zahllosen und ins Unbegrenzte hervorgebrachten Mächte nie das über-unbegrenzte Schaffen seiner machtspendenden Macht abzuschwächen vermöchten. Endlich aufgrund der unaussprechlichen, unerkennbaren und unausdenkbaren Eigenart seiner alles übertreffenden Macht. Es ist die Überfülle des Mächtigen, die auch die Schwäche stark macht. Sie hält die äußersten Nachklänge ihrer selbst zusammen und beherrscht sie ...

Man hat den Eindruck, dass sich Dionysius bei seinen Darlegungen mit seinen überschwänglichen und preisenden Hervorhebungen gar nicht genug tun kann. Das zeigt seine Neigung zu Steigerungen und zu immer neuen Superlativen, um seinen Lesern die jeweilige Unvergleichlichkeit des über allem erhabenen Gottes recht eindringlich und anschaulich vor Augen zu führen. Da versteht es sich, dass der Autor dieses Buches über die himmlischen Hierarchien seine Überlegungen zur Engelwelt einbeziehen muss. Wieder sei es die göttliche Macht, an deren Ausübung sie als Gottes Boten und qualifizierte Mitarbeiter teilnehmen.

VIII, 4

Von ihrer, der göttlichen Macht, stammen naturgemäß auch die gottgleichen[58] Mächte der Engelordnungen. Von dieser Macht haben sie das unerschütterlich beharrliche Sein und alle ihre intellektuellen und unsterblichen Dauer-Bewegungen. Und das Unwandelbare selbst und das unverminderte Verlangen nach dem Guten haben sie von der grenzenlos gütigen Macht empfangen. Sie gewährt ihnen, dies zu sein und zu können, das heißt: immer nach dem Sein zu begehren, und auch das Vermögen selbst, nach dem immerwährenden Können zu begehren.

Hinzu tritt der geistige Kräftestrom, der sich – bildlich gesprochen – in alle weiteren „darunter" liegenden Regionen der Schöpfung ergießt und dort belebend zur Wirkung

---

[58] Es versteht sich, dass damit keinesfalls eine Identität zwischen Gott und Engelwelt nahegelegt oder in Erwägung gezogen werden soll. Die Wesen der oberen Welten sind eher der göttlichen Macht „nachgebildet" (W. Tritsch). Sie werden als Entsprechungen von etwas aufgefasst, was jedoch gar nicht dargestellt werden kann.

kommt. Das erinnert an die hermetische Lehre[59], wonach das Obere im Unteren eine Entsprechung findet: Wie oben, so unten.

VIII, 5

Der nie versiegenden Macht entströmen die Kräfte hinein in die Menschen, Tiere und Pflanzen, letztlich in die ganze Allnatur. Sie ermächtigt das Geeinte zur gegenseitigen Freundschaft und Verbundenheit ... Dies ist es, was die Ordnungen und guten Einrichtungen des Universums auf das jeweils eigentümlich Gute hin ausrichtet ...

Die Macht Gottes ist es, welche den Ablauf der Zeit nach den Umläufen der Sterne unterteilt und durch deren periodische Wiederkehr die Zeiten in große Einheiten zusammenschließt. Sie ist es auch, welche die Kräfte des Feuers nicht verlöschen und die Strömungen des Wassers nicht versiegen lässt, welche das Luftmeer begrenzt und die Erde auf dem Nichts begründet ... Sie ist es, die das harmonische, gegenseitige Ineinander und Vermischtsein der Elemente unvermischt und untrennbar bewahrt, auch die Verbindung von Leib und Seele zusammenhält. Sie ist es, welche die Nähr- und Wachstumskräfte der Pflanzen erweckt und die unauflösbare Dauer des Weltganzen sicherstellt. Sie ist es, welche selbst die Vergottung gewährt, indem sie denen, die vergöttlicht werden, die dazu nötige Kraft darbietet.

Kurz: Es gibt nichts von allem, was überhaupt existiert, das der allgewaltigen Sicherung und Umschirmung durch die göttliche Macht beraubt wäre. Denn was ganz und gar keine Macht besitzt, existiert auch nicht, und es ist nichts von irgendwelcher Art, und es gibt durchaus keine Bejahung desselben.

---

[59] Die hermetischen Lehren werden auf den legendären Hermes Trismegistos, den „dreimal großen Hermes" der Ägypter zurückgeführt. (Florian Ebeling: Das Geheimnis des Hermes Trismegistos. München 2005).

VIII, 7

Gott wird sodann als „Gerechtigkeit" [*dikaiosýne*] gefeiert, insofern er allen Dingen das ihnen Gebührende zuerteilt: Ebenmaß, Schönheit, harmonische Ordnung, Einrichtung; und insofern er alle Zuweisungen und Stufen für jegliches Wesen gemäß dem wahrhaft gerechtesten Gesetze bestimmt und für alle Dinge der Urheber ihrer individuellen Selbsttätigkeit [*autopragía*] ist. Denn die göttliche Ordnung ist es, die alles ordnet und bestimmt ...

Man muss wissen, dass die göttliche Gerechtigkeit in Wahrheit und Wirklichkeit eine echte Gerechtigkeit ist, weil sie allen Geschöpfen das Eigentümliche gemäß der betreffenden Würdigkeit zuerteilt und die Natur jedes Dinges auf der ihm zukommenden Stufe der Ordnung und Macht erhält ...

VIII, 9

Diese göttliche Gerechtigkeit wird auch als das „Heil" von allem gefeiert, da sie die eigentümliche und reine Wesenheit eines jeden Dinges und seine Seinsstufe gegenüber allen anderen bewahrt und behütet und auf lautere Weise Ursache der Eigentätigkeiten im Universum ist.

Will nun einer das Heil als Gottesnamen auch noch in weiterem Sinne feiern und erinnern, dass ja Gottes Heil seine ganze Schöpfung auch immer wieder aus dem Schlechteren zum Besseren führe, ja emporreiße, so wollen wir auch diese Auslegung der Schrift bejahen und auch diesen Lobredner des vielfältigen Heilsweges einer universalen Weltentwicklung gern gelten lassen. Nur müssen wir dann von ihm verlangen, dass er erkenne, oberster Sinn dieses Heils ist vor allem, jedes Ding nach seinen ihm selbst eigentümlichen Wesensmomenten wohl einzurichten ...

Auch die Beziehungen jedes einzelnen Dinges und der Dinge untereinander fügt das göttliche Heil so zusammen, dass diese Beziehungen nicht im Laufe ihrer Eigenbewegungen gegeneinander ins Gegenteil umschlagen und also verkehrt werden.

Mit der Heiligen Schrift dürfte auch das Lob in Einklang sein, das jemand dem göttlichen Heil etwa in folgendem Sinn darbrächte: Er kann auch die allrettende göttliche Güte rühmen, die sämtliche geschaffenen Dinge vom Sturz aus dem ihnen verliehenen Stande[60] wieder erlöst, soweit es die Natur eines jeden der geretteten Wesen zulässt. Deshalb nennen auch die Hagiographen diese Art des Heils „die Erlösung"... Sie ist die Wiederherstellung eines vorigen [Ur] Standes ...

Gottes Macht und Gerechtigkeit und heilende Liebe behüten die existierenden Dinge alle in der eigenen, einem jeglichen zukommenden Art, in welcher von Natur aus zu existieren und von sich aus zu wirken jedes von ihnen geschaffen worden ist.

---

[60] Anspielung auf den Verlust der ursprünglichen Verbindung des geschöpflichen Menschen mit seinem Schöpfer im Bild des Sündenfalls.

Vom Grosssein und Kleinsein der Gottheit

IX, 1

Weil aber dem Urheber von allem auch das Große und Kleine, das Gleiche und das Verschiedene, das Ähnliche und das Unähnliche, der Ruhestand und die Bewegung beigelegt wird, so lasst uns nun auch bei diesen Bildern von Gottesnamen betrachten, was immer uns offenbar ist.

Als Großer wird nun Gott in den Schriften gefeiert in Größe als auch in zartem Lufthauch, welcher die göttliche Kleinheit offenbart. Als der Gleiche, wenn die Schrift sagt: „Du aber bist Ebenderselbe", und als Verschiedener, wenn er von den gleichen Schriften als vielgestaltig und vielförmig dargestellt wird ... Als ruhig Stehender und Unbewegter und in Ewigkeit Thronender, und als Bewegter, insofern er durch alles hindurchdringt. Und so bei allen übrigen Gottesnamen, welche gleichbedeutend mit diesen von den heiligen Schriften gefeiert werden.

IX, 2 und 8

Groß wird nun Gott genannt gemäß der ihm eigentümlichen Größe, welche allem, was groß erscheint, von sich mitteilt, und über jegliche Größe von außen sich ergibt und ausbreitet. Sie umfängt jeden Raum, übersteigt jede Zahl und überschreitet jede Unendlichkeit.

Gemäß seiner Überfülle und Wirkung ins Große wird er weiterhin groß genannt ... Dieses Große ist unbegrenzt, ohne Quantität und ohne Zahl, und dieses ist der Überschwang gemäß der absoluten und überaus gedehnten Ergießung der nicht zu umfassenden Größe.

Vom Großsein und Kleinsein der Gottheit

Die weiteren, keine Wiederholung scheuenden Erwägungen des Areopagiten über die Erscheinungsweisen der aus ihrer Verborgenheit heraustretenden Gottheit beziehen sich auf das, was sowohl Aspekte des Ewigen wie des Irdischen und Vergleichbaren, des Ähnlichen und des Unterschiedlichen sowie immer wieder des Unermesslichen in Erinnerung bringt, ferner was auf Gottes „Ruhestand in unbewegte Selbstgleichheit des in sich selbst Verbleibenden" (IX, 8) hinweist.

Was die für Dionysius typischen, nicht immer leicht zu verkraftenden Wortwiederholungen betrifft, so bemerkt einer seiner Verdeutscher, Walter Tritsch: „Für die Gläubigen ist eine solche Redeweise der Inbegriff einer hieratischen Versenkung in Gott, ein Mittel der Sammlung, ein Kompositionsprinzip für Litaneien, eine Form des Dienstes. Für den Profanen ist sie eine leere Tautologie, in der er vergeblich nach Sinn sucht. Der Dichter und Musiker kann sie zu einem erhabenen Bild oder Sprachklang ausgestalten, zu einem hinreißenden Werk der Frömmigkeit, und der Redner mag sie vielleicht zu einem virtuosen Kunstgriff gebrauchen."[61]

Wie auch immer, der Autor ist jedenfalls bemüht, geradezu litaneiartig in allem die unübersteigbare göttliche Transzendenz und Majestät zu betonen. Sie ergibt sich aus dem Gegenüber von Schöpfer und Geschöpf. So eng das Geschöpf mit seinem Schöpfer verbunden ist, so sehr steht er über allem Geschaffenen als der Jenseitige. Von ihm, der gleichzeitig der „unbewegte Beweger" ist, wie ihn die antiken Philosophen kennen, heißt es dann:

Er selbst ist der Urheber des Ruhestandes und Sitzes von allem, der über jeden Sitz und allen Ruhestand erhaben ist. In ihm hat alles miteinander seinen festen Stand und wird infolge des sicheren Standes der eigentümlichen Güter unerschütterlich bewahrt.

---

[61] Walter Tritsch in: Einleitung zu Dionysios Areopagita: Mystische Theologie und andere Schriften. München-Planegg 1956, S. 21.

IX, 9

Wie aber, wenn wiederum die Hagiographen sagen, der Unbewegte trete zu allem hervor und bewege sich? Ist nicht auch das in gotteswürdiger Weise zu verstehen? Denn dass er sich bewege, muss man im frommen Glauben annehmen. Aber dabei geht es nicht um ein Bewegen in der Weise einer Fahrt oder Veränderung [im Raum] oder Umwandlung oder Wendung oder einer Bewegung von Ort zu Ort [ganz gleich welcher Art]...

Vielmehr muss man darunter verstehen, dass Gott alles ins wesenhafte Dasein ruft [*to eis ousían ágein*], das All zusammenhängt, allseitig für alles Fürsorge hegt und dass er allem durch seine unwiderstehliche, universale Umfassung sowie durch seine fürsorglichen Ausgänge und Einwirkungen auf die ganze Schöpfung gegenwärtig ist.

Aber man muss auch erlauben, die Bewegungen Gottes, des Unbewegten, in einer ihm geziemenden Weise in der Rede zu preisen. Unter der geraden Bewegung ist das Unbeugsame in Gott und das nie aus der Richtung zu bringende Hervortreten der göttlichen Einwirkungen und das Werden aller Dinge zu verstehen.

In diesem Zusammenhang bildet sich Dionysius bestimmte Vorstellungen darüber, welche symbolische Bedeutung der Aktivität dieses „unbewegten Bewegers" zukommt und welche Dynamik von ihm ausgeht, wenn er hinzufügt:

Unter der spiralförmigen Bewegung ist der unbewegliche Ausgang und zeugungskräftige Ruhestand, unter der kreisförmigen Bewegung endlich ist die Selbstgleichheit und das Zusammenhalten von Mitte und Ende, Umschließendem und Umschlossenem sowie die Hinwendung der aus Gott hervortretenden Wirkungen zu ihm zurück zu verstehen.

IX, 10

Wenn aber jemand den in der Heiligen Schrift gebrauchten Gottesnamen „Ebenderselbe" oder „der Unveränderliche" oder „die immerwährende Gerechtigkeit" auf die Bezeichnung „der Gleiche" beziehen wollte, so ist Gott in der Tat auch der „Gleiche" zu nennen. Und dies nicht nur insofern, als er keine Teile hat und kein Schwanken nach einer Seite kennt, sondern auch insofern, als er zu allem und durch alles auf gleiche Weise dringt und der Gleichheit als solcher Bestand gibt. Ihr gemäß wirkt er auf gleiche Weise die gleichmäßige Durchdringung aller Dinge ineinander, sowie die gleichmäßige Anteilnahme der teilnehmenden Wesen ...

Endlich ist Gott der Ewiggleiche – auch weil er außen vorweg und über aller Schöpfung jede Art von Gleichsein-Können als Wesensgrund in sich barg und stiftete ... Alle Formen und Möglichkeiten der Gleichheit sind durch Gottes allumfassende Schöpfermacht erst als Gleichheit gestiftet worden. Und diese seine über alle Schöpfung hinausreichende Kraft ist auch innerhalb dieser Welt auf ewig die alleinige Schöpferin jeglicher Gleichheit.

Der Allherrscher als der Alte der Tage

Beim nachfolgenden zehnten Kapitel seines Buches über die Gottesnamen angelangt, hält Dionysius nun auch den Augenblick für gekommen, die vielnamige Gottheit mit jenen eigentümlichen Bezeichnungen zu benennen, mit denen diese als „der Allmächtige" und als der vom Geheimnis umwobene „Alte der Tage" über alle vorstellbaren Äonen und Zeitenkreise waltet. So wie der Autor sich bisher der Vokabel „über" bedient hat, um eine höchstmögliche Steigerung auszudrücken, so begegnet man nunmehr der Silbe „All", um nur ja keine Minderung der Göttlichkeit des einzigen Gottes für denkbar zu halten. Es geht nichts verloren, nichts lässt sich von ihm absondern. Alles ist umspannt von dem Liebeswillen der Gottheit. So ist von diesem Universum und ihrem Beherrscher, dem in den byzantinisch-ostkirchlichen Kirchen vielfach abgebildeten majestätischen Pantokrator, zu sagen:

X,1

Er, „der Alte der Tage" und der Allherrscher umfängt das ganze Universum. Er gründet das All in sich selbst und hält es umschlossen. Er allein ist es, der es unzerstörbar zu vollenden vermag. Er ist die Grundlage, welche aus sich das Weltganze wie aus einer allbeherrschenden Wurzel hervorbringt und alles auf sich wie auf einen alltragenden Grund zurückwendet und zusammenhält; nämlich als einen allumfassenden Ruheboden, der alles, was in seinem Entschluss liegt, in einer einzigen alles überragenden Zusammenfassung sicherstellt. Nichts lässt er entfallen, sodass etwas von seiner vollkommenen Heimstätte losgerissen würde und zugrunde ginge.

Die Urgottheit wird auch insofern allbeherrschend genannt, als sie alles in ihrer Gewalt behält und über die ihr zugeordneten Wesen herrscht, ohne sich mit ihnen zu vermischen ...

X, 2

Als „der Alte der Tage" aber wird Gott gefeiert, weil er Äon und Zeit aller Dinge, dazu vor Tagen und vor Äonen und Zeiten da ist. Dennoch muss man ihn gottgeziemend Zeit, Tag, Moment und Äon nennen, insofern er in jeder Bewegung unveränderlich und unbewegt ist; insofern er bei der immerwährenden Bewegung in sich selbst verbleibt und gleichzeitig Urheber von Äon, Zeit und Tagen ist.

Deshalb erscheint er in den heiligen Theophanien oder Gotteserscheinungen der mystischen Gesichte (*visiones*) mit grauen Haaren, jedoch auch in jugendlicher Gestalt dargestellt. Das eine bedeutet sein Alter und Sein von Anbeginn; das Jugendliche deutet hingegen auf den nie Alternden hin. Oder es lehren die beiden Erscheinungsweisen, dass er von Anbeginn durch alle Zeiten hindurch bis zum Ende voranschreitet; oder, wie unser göttlicher Weihespender[62] sagt, beides offenbart das göttliche Altehrwürdige, sodass die Gestalt des Älteren das Erste, das Früheste der Zeit nach, die des Jüngeren hingegen das Ursprünglichere im Reich der Zahl bedeutet. Denn die Einheit und die am nächsten um die Einheit angeordneten Zahlen sind ursprünglicher als die weiter hinaus entwickelten.

Im Nachfolgenden sucht Dionysius sich mit Blick auf die biblische wie auf die philosophische Überlieferung eine Vorstellung von dem zu bilden, was im Zusammenhang seines Zeit- und Ewigkeitsbegriffs unter der Bezeichnung „Äon"[63]

---

[62] Gemeint ist der Bischof bzw. der spirituelle Meister, dem Dionysius die Initiation in die göttlichen Mysterien verdankt.
[63] Unter „Äon" (*aion*) ist sowohl „Ewigkeit" als auch ein bestimmtes Zeitalter zu verstehen; „äonenhaft" (*aiónios*) steht für „ewig", „uranfäng-

zu verstehen sei. Eine anfanglose wie eine nicht endende Zeit ist dabei mitgedacht.

X, 3

Man muss aber auch, wie ich denke, das Wesen von Zeit und Äon aus den heiligen Schriften zu erkennen suchen. Denn sie nennen keineswegs nur das alles, was absolut ungeworden und wirklich ewig dauernd ist, als stets ewig, sondern auch das Unzerstörbare, Unsterbliche, Unveränderliche, Unermessliche ... und Ähnliches.

Oft bezeichnen sie das sehr Alte mit dem Namen Äon; bisweilen benennen sie auch die ganze Erstreckung unserer Zeit als Äon, insoweit das Messen des Alten, Unveränderlichen überhaupt eine Eigentümlichkeit des Äons ist. Zeit aber nennen sie den Ablauf im Entstehen, Vergehen, Verändern und in dem bald so, bald so wechselnden Verhalten. Daher sagt auch die Offenbarung, dass wir selbst, zeitlich hier auf die Erde [und ihre Zeit] beschränkt, an der Äonendauer teilhaben werden, wenn wir in die unvergängliche und stets sich gleichbleibende Ewigkeit kommen.

Bisweilen wird in den göttlichen Schriften auch eine zeitliche Äonendauer und eine äonenhafte Zeitlichkeit gefeiert, wenn wir auch wissen, dass sie eher und in eigentlicherem Sinne das Seiende mit Äon und das im Werden Begriffene mit Zeit benennen und offenbaren. Man darf also nicht glauben, dass die als äonenhaft bezeichneten Wesen einfach mit Gott, der vor der Ewigkeit ist, gleichewig seien.

Wir müssen vielmehr im unwandelbaren Anschluss an die hochheiligen Schriften jene Dinge gemäß dem an ihnen erkannten Charakter als äonenhafte und als zeitliche verstehen. Dagegen müssen wir als in der Mitte zwischen dem Seienden und Werdenden liegend erkennen, was einerseits am Äon, andererseits an der Zeit teilnimmt.

---

lich", „unbegrenzt und zeitlos", ohne Anfang und ohne Ende.

Gott aber müssen wir [in diesem Sinne] feiern sowohl als Äon und als Zeit, als Urheber von aller Zeit und allem Äon, als den „Alten der Tage", als den, der vor aller Zeit und über aller Zeit ist. Wir müssen ihn als den verstehen, der den Wechsel von Jahres- und Tageszeiten bestimmt, ferner auch als denjenigen, der vor den Äonen existiert, insofern er vor diesem und über diesem Äon ist und seine Herrschaft eine Herrschaft über alle Äonen ausbreitet. Amen.

ÜBER DEN FRIEDEN

In immer neuen Ansätzen ist Dionysius bestrebt, die Sinnhaftigkeit der von ihm aus der Schrift erhobenen und zusammengestellten Gottesnamen transparent werden zu lassen. So unternimmt er es auch mit Blick auf den göttlichen Frieden, der nach dem Apostelwort (Phil 4,7) „höher ist als alle Vernunft"; dieser von Gott kommende Friede ist es, der als der Urquell aller friedlichen Vereinigung angesehen wird. Diesen Frieden gilt es in Friedenshymnen zu verherrlichen, zumal von ihm alle vereinigende und harmonisierende Kraft ausgeht. Deshalb wendet sich alles Sein ihm zu. Zugrunde gelegt ist jeweils das göttliche Eine, aus dem alles hervorgeht und dem alles zugeordnet und unterstellt ist. Dabei ist dem Areopagiten bewusst, dass er sich eine Beschränkung auferlegen muss. Sie ist bedingt wie alles menschliche Reden von dem, was die Verstandeskräfte übersteigt. Nach dem Pauluswort (1 Kor 13,9) reicht unser Wissen über das Partielle, Bruchstückartige nicht hinaus. Der Zustand der Vollkommenheit ist noch nicht angebrochen, aber er bestimmt alles menschliche Hoffen. Damit die Erfüllung eintreten kann, muss der die Vielheit zusammenfügende, Ganzheit herstellende Friede einsetzen. Ihm bleibe alles Weitere anheimgestellt.

XI, 1

Der Friede ist es, der die zerteilte Vielheit der Dinge in die Gesamtheit einfügt. Er einigt den innerlichen Streit im Weltall zu einträchtigem Zusammensein. Infolge der Teilnahme am göttlichen Frieden einigen sich die vornehmeren der vereinigenden Mächte in sich selbst und untereinander und mit dem einen Urfrieden des Alls.

Die ihnen untergeordneten Dinge einen sich dann sowohl in sich selbst als auch gegenseitig und mit der einen und all-vollkommenen Urquelle und Ursache des allgemeinen Friedens. Dieser ist aber ungeteilt, über das Universum ausgegossen. Er umschließt gleichsam wie mit Riegeln, die das Getrennte zusammengefügt halten, alle Welt. Er grenzt sie ab, stellt sie sicher und lässt nicht zu, dass sie auseinanderfalle und in Endlose wie Grenzenlose versinke …

Wir wollen die Frage als unaussprechlich und unerkennbar dem göttlichen Frieden anheimgeben, da er über alles hinaus liegt. Wir wollen nur die erkennbaren und sagbaren Mitteilungen desselben ins Auge fassen, soweit es uns möglich ist, die wir hinter vielen guten Menschen zurückstehen.

XI, 2

Fürs Erste ist nun dies festzuhalten, dass der göttliche Friede dem Frieden-an-sich und dem Frieden in einer Totalität und jedem besonderen Frieden das Bestehen verleiht. Alles verbindet er miteinander in jener unvermischten Einigung, dergemäß alle Dinge ungeteilt geeinigt sind, die doch je in der eigenen Art unerschütterlich und unversehrt bestehen …

Die Universalität des vollkommenen Friedens ergießt sich gemäß der einfachsten und unvermischten Gegenwart ihrer eins-bildenden Kraft über alles, was ist. Sie einigt alles und verknüpft durch ihre mittleren Glieder die äußersten, sodass sie in einer naturgemäßen Freundschaft verbunden sind.

Er schenkt die Teilnahme an seinen Wirkungen auch den äußersten Enden des Weltalls und bringt alles nachbarschaftlich miteinander in Zusammenhang. Das geschieht durch die Einheiten, durch die Selbstgleichheiten, durch die Einigungen und Sammlungen, wobei der göttliche Friede ungeteilt bestehen bleibt und in Einem sich alles spiegelt, alles durchwaltet und doch aus der selbsteigenen Gleichheit nicht heraustritt …

V. Die Texte

Nach Erörterungen, die sich auf das von ihm apostrophierte „Sein-an-sich", auf das „Leben-an-sich" oder die „Weisheit-an-sich" beziehen, kommt Dionysius auf die Prinzipien des Guten und des Schönen zu sprechen, wie sie ihm vom platonischen Denken und seinen neuplatonischen Gewährsleuten her bekannt sind.

XI, 6

Wird von Gott gesagt, dass er der gute, Bestand verleihende Träger jener ersten Prinzipien ist, sei es in ihrer Gesamtheit oder in den Einzelheiten, sei es, dass sie im ganzem Umfang oder sei es, dass sie nur partiell Anteil nehmen – indessen, was braucht es hierüber noch weiterer Worte? Nennen doch hier einige von unseren geistlichen Lehrern den Überguten und Übergöttlichen den Träger der Güte-an-sich und die Gottheit, indem sie erklären, Güte-an-sich und Gottheit sei die gutmachende und vergöttlichende, aus Gott hervorgetretene Gabe ..., die unmittelbar aus Gott hervortritt. Das Schöne- an-sich sei die schönmachende Ausstrahlung in ihrer ersten Unmittelbarkeit. Und so verhält es sich auch mit dem Gesamt-Schönen.

Die besondere Schönheit von einzelnen Wesen aber, oder die Unterscheidung des im ganzen Umfang oder in Teilen Schönen ..., das alles sind Offenbarungen durch die Dinge, nämlich Offenbarungen der den Dingen bereits gewährten Beweise der Fürsorge und der Güte Gottes. Stets sprießen sie aus Gott als dem alleinigen unmittelbaren Urheber hervor, ausgesandt in reinsten Strahlenströmen – wobei der Urheber von allen Dingen stets vollkommen über jedes Ding erhaben ist. Denn das Überwesentliche übertrifft in jeder Hinsicht alles, was irgendeine Natur und irgendein Sein besitzt, allein weil es von Gott Wesenheit erhielt.

Von der Heiligkeit Gottes

Es versteht sich, dass der „Heiligkeit Gottes" unter den hier aufzuführenden Namen seit den Tagen der alttestamentlichen Propheten eine vorrangige Stellung zukommt. Man denke nur an das dreimalige „Heilig", das der Prophet Jesaja (Kap. 6) anlässlich seiner Initialvision im Tempel zu Jerusalem aus der Welt der göttlichen Hierarchien vernimmt. Die kirchliche Liturgie hat diese Anrufungen Gottes an zentraler Stelle aufgenommen, beispielsweise in der Abendmahlsliturgie.

Für Dionysius handelt es sich um den „Heiligen der Heiligen", ebenso um den „König der Könige", so auch um den „Herrn der Herren", wie um den „Gott der Götter". Alle diese preisenden und die Einzigartigkeit Gottes betonenden Nomina sind jeweils Ausdruck totaler Transzendenz, die keinen Vergleich mit dem Irdischen zulässt! Alle diese Aussagen begründen letztlich die zum Prinzip erhobene hierarchische Betrachtungsweise des Areopagiten. Sie tritt nicht allein in seinen zu diesem Thema gehörigen Schriften in Erscheinung. Diese Sicht ist allen seinen Vorstellungen und Schilderungen zugrunde gelegt.

Im folgenden zwölften Kapitel hat er zuerst zu erklären, was er unter solchen höchsten Würdenamen versteht. Wie nicht anders zu erwarten, bezieht er sich dabei vornehmlich auf alttestamentliche Aussagen. Er „definiert" das jeweils im Grunde durch keine Begrifflichkeit zu Begrenzende.[64] Immerhin hilft ihm das griechische Grundwort zu dem ihm gemäßen Verständnis.

---

[64] *Definitio*, von lat. *finis*, Ende, Grenze.

XII, 2

„Heiligkeit" ist, um nach unserer Art zu sprechen, die von allem Frevel freie, vollkommene und in jeder Beziehung bunt gefleckte Reinheit. – „Königtum" ist die geordnete Verteilung jeglicher Grenze, Ordnung, Satzung und Rangstufe. – „Herrschaft" [*exousía*] ist nicht bloß das Erhabensein über das Schwächere, sondern auch der vollkommene Gesamtbesitz all des Guten und Schönen über wahre, unerschütterliche Festigkeit.

Deshalb besagt auch *kyriótes* [Macht, Herrschaft] gemäß seiner Ableitung von *kýros* [Kraft] so viel wie *kyrion* [herrschend] und *kyrieoun*. „Gottheit" aber bezeichnet die Vorsehung, welche alles schaut [*theós, theótes* – *theáomai*] und in vollkommener Güte auch alles umkreist und zusammenhält, indem sie alles mit sich selbst erfüllt und alles, was an ihrer Vorsehung Anteil hat, [gleichzeitig] überragt.

XII, 3

Dies alles müssen wir nun von der alles übertreffenden Ursache rühmend aussagen und dazu noch sie als übererhabene Heiligkeit, Herrschaft, überragende Königsmacht und einfachste Gottheit feiern. Denn aus ihr ist mit einem Male und alles in einem jegliche unvermischte Vollkommenheit aller lauteren Reinheit hervorgesprosst und mannigfach verteilt, die ganze Ordnung und Einrichtung des Universums, welche Disharmonie, Unheiligkeit, Unebenmäßigkeit ausstößt. Sie ist es, welche an der wohlgeordneten Selbstgleichheit und Korrektheit sich erfreut und alles, was an ihr teilzunehmen gewürdigt ist, lenkt und regiert.

Sie ist der vollkommene Gesamtbesitz aller Güter, durchaus gütige Vorsehung, die alle Gegenstände ihrer Fürsorge schaut und zusammenhält. Sie ist es, die sich selbst denen, die sich ihr unterordnen, gütig mitteilt, um sie zu vergöttlichen.

XII, 4

Weil aber der Urheber von allem gemäß der einen alles übertreffenden Überlegenheit eine Überfülle alles Seienden ist, wird er als „Heiliger der Heiligen" gefeiert. Er wird so auch hinsichtlich der übrigen Prädikate, gemäß der überwallenden Ursache und der unerreichbaren Überlegenheit gepriesen. In dem Maße, als dem Nichtseienden überlegen ist das Seiende, das Heilige oder Göttliche oder Herrschende oder Königliche und den teilnehmenden Dingen die Teilnahme-an-und-für-sich: In dem selben Grade ist auch der über alle Welt Erhabene über alles Seiende und ihr unmittelbarer Urheber über alles, was Anteil nimmt. Er ist über die Anteilnahmen als solche hinausgerückt.

Heilige aber, Könige, Herren und Götter nennt die Heilige Schrift die vornehmeren Rangordnungen in allen einzelnen Bereichen, durch welche die weiten Ordnungen an den von Gott ausfließenden Gaben Anteil nehmen und so die Einfachheit der Verteilung jener in ihren eigenen Verschiedenheiten vervielfältigen. Ihre bunte Mannigfaltigkeit wird hinwieder von den ersten Ordnungen fürsorglich und auf göttliche Weise zu ihrer eigenen Einheit emporgeführt.

ÜBER DAS VOLLKOMMENE UND DAS EINE

Endlich münden die deutenden Schilderungen des Areopagiten im dreizehnten Kapitel seiner „Göttlichen Namen" in das Vollkommene und Eine, das heißt, sie münden dort ein, von wo aus nach neuplatonischer Auffassung alles Weltwerden seinen Ursprung genommen hat. Dorthin fließt auch alles zurück, was je in Erscheinung getreten ist. Dieses Eine ist es schließlich, in das das Ursprüngliche wiederum heimkehrt: „Alles Vollendete fällt heim zum Uralten..." (Rilke). Daher spricht Dionysius zum Abschluss von „dem wichtigsten und entscheidendsten Punkt in unserer Darlegung", ist doch durch das göttliche Eine allem Seienden ein für allemal Grund gelegt, nämlich von dem, der nach dem Wort der Johannesoffenbarung (Kap. 1 8) das A und das O, das Alpha und Omega ist. Wieder kann Dionysius durch keine Wiederholung und durch keine hervorhebende Verdeutlichung des für ihn Einzigartigen Genüge finden.

XIII, 1

... Denn die göttliche Offenbarung sagt einerseits von dem Urheber des Weltganzen alles und alles zumal genommen aus und feiert ihn andererseits als das Eine.

Vollkommen ist das Göttliche nicht bloß, insofern es vollkommen an sich ist und für sich von selbst eingestaltig bestimmt wird, das heißt in jeder Hinsicht ganz und gar das Vollkommenste ist, sondern auch insofern es gemäß seiner alles übertreffenden Vollkommenheit über-vollkommen ist. Es umgrenzt alle Unbegrenztheit; es ist über jede Grenze hin ausgebreitet und wird von keinem Wesen umfasst oder festgehalten, sondern erstreckt sich in seinen unversiegbaren Zuerteilungen und unendlichen Einwirkungen auf alles und über alles hin.

Vollkommen wird es genannt, sowohl weil es keines Wachstums fähig und immerdar vollkommen ist, als auch weil es keine Verminderung erleidet, da es alles seit je in sich enthält, nämlich in der einen unerschöpflichen und zugleich übervollen und nie abnehmenden Spendung, vermöge derer sie alles Vollkommene vollkommen macht und mit der eigenen Vollkommenheit erfüllt.

Gewährleistet und begründet ist für den neuplatonisch denkenden Dionysius das in sich selbst ruhende Eine, dem alles Viele untergeordnet bleibt. Und es unterliegt keinem Zweifel, dass das, was die Neuplatoniker darunter verstehen, nach dem Verständnis des Areopagiten kein anderer als Gott selbst sein kann.

XIII, 3

Das „Eine" aber wird Gott genannt, weil es gemäß dem überragenden Vorzug der einen Einheit auf einzigartige Weise alles ist, und so will er, ohne aus dem Einen herauszutreten, die Ursache von allem sein. Denn nichts von allen Dingen ist ohne Anteil an dem Einen, sondern gleichwie jede Zahl an der Einheit Anteil hat und von einer Zweizahl und einer Zehnzahl und von einem Halben, einem Drittel, einem Zehntel gesprochen wird, so haben das Weltganze und jedes Teilchen desselben Anteil an dem Einen. Und alles ist nur dadurch im Sein, dass das Eine ist.

Aber es ist das Eine, welches die Ursache von allem ist. Nicht Eines aus vielen, sondern es ist vor jeder Einheit und jeder Vielheit und jedes Eine und jede Vielheit begrenzend. Denn die Vielheit ist keineswegs irgendwie ohne das Eine, ist ja das seinen Teilen nach Vielfache nach seiner Totalität ebenfalls Eines. Was nach seinen Akzidenzien (oder wechselnden Zuständen) eine Mehrheit bildet, ist Eines nach seinem Suppositum [oder Zugrundeliegendem].

Das Viele hinsichtlich der Zahl und der Potenzen ist wiederum Eines in seiner Spezies [*en to eídei*]. Was ein Vielfaches ist durch seine Spezies, ist Eines in seiner Art [*en to génei*].[65] Was eine Vielheit ist durch die mehrfachen Ausgänge, ist Eines in seinem Prinzip [*en te arché*]. Und es gibt unter den Dingen keines, welches nicht an dem durchwegs einzigartigen Einen Anteil hätte. Alles und Sämtliches, auch wenn es gegensätzlich ist, ist in seinem allseitig einzigartigen Sein auf eingestaltige Weise enthalten.

Ohne das Eine wird es zwar keine Vielheit geben, das Eine aber wird auch ohne die Vielheit sein, gleichwie die Einzahl vor jeder vervielfältigten Zahl ist. Und wenn man annehmen will, dass alles mit allem geeint sei, so wird das All in seiner Totalität Eines sein.[66]

XIII, 3

Ferner muss man auch das wissen, dass gemäß dem zuvor erfassten Gattungsbegriff der Idee eines jeglichen einzelnen Einen die geeinten Dinge als geeint bezeichnet werden und dass das Eine das Grundelement von allem ist ... Das Eine enthält alles in sich eingestaltig, und zwar vorausgekommen und umschlossen.

Auf diese Weise also feiert die Offenbarung die ganze Urgottheit durch den Namen des Einen als die Ursache von allem. Und es ist ein einziger Gott der Vater und ein Herr Jesus Christus und ein und derselbe Geist (1 Kor 12,11). Das geschieht durch die überintensive Ungeteiltheit der ganzen göttlichen Einigkeit, in welcher alles einheitlich seit je gesammelt und übergeeint und überwesentlich ist. Deshalb wird alles auch mit Recht auf sie zurückgeführt und

---

[65] Der Übersetzer weist darauf hin, dass Dionysius hier, so wie in vielen seiner theoretischen Erwägungen, den Gedankengängen des Neuplatonikers Proklos folgt.

[66] Dazu bemerkt Joseph Stiglmayr: „Dionysius ist von dem Pathos beeinflusst, mit dem die Neuplatoniker und frühere Philosophen Zahlenmystik und Wirklichkeit miteinander verquickten. Aber sein gläubiger Standpunkt lässt ihn in dem Einen den einen Gott in drei Personen erkennen." Deutlich wird dies im anschließenden Abschnitt (XIII, 3).

übertragen, denn von ihr und in ihr und zu ihr hin ist alles; alles ist zusammengeordnet und beharrt, es wird zusammengehalten und abgeschlossen, schließlich dem Ausgang zugekehrt.

Du möchtest kein Ding finden, das nicht durch das Eine, nach welchem die ganze Gottheit überwesentlich genannt wird, gerade das ist, was es ist. Und als solches wird es vollendet und erhalten. Und auch wir müssen uns durch die Kraft der göttlichen Einheit aus der Vielheit dem Einen zukehren und der Einheit entsprechend die ganze eine Gottheit feiern, nämlich jenes Eine, das Ursache von allem ist ...

Dieses Eine, das alles, was ist, und auch das Sein an sich und das Sein von allem und allem Ganzen bestimmt, ist auf einzigartige Weise Ursache zugleich mit und vor allen Dingen ... Das Überwesentliche Eine aber bestimmt auch das seiende Eine und jegliche Zahl. Es ist selbst Prinzip und Ursache, Zahl und Ordnung des Einen und der Zahl eines jeden Seienden.

Deshalb ist auch die über alles erhabene Gottheit, wenn sie als Monas und Trias gefeiert wird, weder als eine Monas noch als eine Trias von uns oder irgendeinem anderen Wesen erkannt. Um das Übergeeinte und Gottzeugende in ihr in Wahrheit zu feiern, benennen wir die Gottheit, die über jeden Namen erhaben ist, mit den Namen „Monas" und „Trias",[67] das Überwesentliche mit Namen von [in der irdischen Realität] existierenden Dingen. Keine Monas oder Trias oder Zahl oder Einheit oder Zeugungsmacht oder irgendetwas von dem, was ist ..., enthüllt die über jeden Begriff und jeden Verstand hinaus liegende Heimlichkeit der Übergottheit, die über alles Überwesentlich hinaus entrückt ist.

Es gibt keinen Namen und keinen Begriff von ihr. Sie ist in das Unzugängliche erhoben. Nicht einmal den Namen „Güte" glauben wir ihr zutreffend beilegen zu dürfen. Und

---

[67] Damit ist auf die Einheit wie auf die Dreifaltigkeit Gottes Bezug genommen.

dies nur aus Verlangen, über jene unaussprechliche Natur etwas zu erkennen oder zu sagen, weihen wir ihr in erster Linie den ehrwürdigsten aller Namen. Hierin dürften wir wohl auch mit den Verfassern der heiligen Schriften übereinstimmen. Aber hinter der Wahrheit der tatsächlichen Verhältnisse werden wir weit zurückbleiben. Deshalb haben auch jene selbst dem Aufstieg durch die negativen Prädikate den Vorzug gegeben. Denn dieser zieht die Seele von der ihr gleichartigen Welt ab und bereitet ihr einen Weg durch alle jene göttlichen Erkenntnisse hindurch, welchen das über Name, Wesen und Erkenntnis erhabene Wesen entrückt ist. Es verbindet zuletzt von allem die Seele mit dem Göttlichen, soweit unser Verbundenwerden mit ihm möglich ist.

Im Rückblick auf die dem Abschluss seines Buches entgegengehende Darstellung bemüht sich Dionysius um eine Demutsgeste. Er gibt sich keiner Illusion darüber hin, wie bruchstückhaft und unzulänglich der von ihm unternommene Erklärungsversuch im Vergleich zu anderen, vermutlich kompetenteren Erklärern, ist. Er tut dies in dem Wissen, dass selbst herausragende Theologen und Hagiographen, von denen er Kenntnis hat, angesichts der Heiligkeit Gottes jenen Regionen der göttlich-geistigen Welt und ihrer Beschreibung nicht gewachsen sind. Dem Beispiel des Apostels Paulus nacheifernd, bezeichnet er sich als den Geringsten unter allen anderen Mitarbeitern des Herrn (1 Kor 15,9).

XIII, 4

Das sind die intelligiblen Gottesnamen, welche wir zusammengestellt und erklärt haben. Aber hierbei bleiben wir freilich nicht bloß hinter der reinen Wahrheit über sie zurück – denn das möchten selbst die Engel mir zugestehen –, sondern auch hinter dem Lobpreis der Engel auf sie. Auch die vorzüglichsten unserer Theologen reichen nicht an die untersten Engelordnungen heran. Aber nicht einmal den

Hagiographen und auch nicht ihren Erklärern oder Jüngern können wir es gleichtun, sondern selbst unter denen, die mit uns auf gleicher Stufe stehen, nehmen wir die letzte und niedrigste Stelle ein.

Wenn daher das Gesagte richtig sein dürfte und wir, unserer Weise entsprechend, in der Erklärung der göttlichen Namen den wahren Sinn getroffen haben sollten, so müssen wir den etwaigen Erfolg auf den Urheber alles Guten zurückführen, der zuerst zu reden und dann gut zu reden verleiht. Wenn aber [in diesem Text] etwas übergangen worden ist, was mit dem Gesagten gleichbedeutend ist, so werden wir es auch nach den gleichen Regeln einschätzen und verstehen müssen.

Wenn dagegen das Vorstehende unrichtig oder unvollkommen erscheint und wir von der Wahrheit gänzlich oder teilweise abgeirrt sind, so möchte es Sache deiner Menschenfreundlichkeit sein, den unfreiwillig Irrenden zurechtzuweisen, dem Lernbegierigen von der besseren Lehre mitzuteilen, dem minder Kräftigen beizuspringen und den gegen seinen Willen Kranken zu heilen … Ermüde du nicht, dem befreundeten Manne Gutes zu tun. Du siehst ja[68], dass auch wir keine der von den Hierarchen überlieferten Lehren für uns zurückbehielten, sondern sie euch und anderen heiligen Männern unverfälscht mitgeteilt haben und auch künftig mitteilen werden.

Wir tun es, soweit wir davon zu sprechen und unsere Zuhörer es zu hören fähig sind. Dabei wollen wir gegen die Überlieferung in keinem Punkt ein Unrecht begehen, es sei denn, dass wir in der Auffassung oder in der Wiedergabe derselben ermatten sollten. Aber das soll nun so, wie es Gott gefällt, ausgeführt und gesagt sein. Und damit sei der Schluss dieser Erklärung der Gottesnamen von unserer Seite gemacht.

---

[68] Die persönliche Anrede bezieht sich auf den bzw. die ersten Empfänger seiner Schrift.

Gott, der Unerkennbare

Wie erwähnt, berücksichtigt Dionysius Areopagita in seinen „Göttlichen Namen" nicht nur die Aussagemöglichkeiten der sogenannten Positiven Theologie. Sehr viel wichtiger ist ihm, den Empfängern seiner Darlegungen den verborgenen Gott (Deus absconditus) in der Dunkelheit seiner Jenseitigkeit zu bezeugen. Als klassischer Beleg für seine These von der Nichterkennbarkeit Gottes ist hierbei anzusehen, was er im fünften Kapitel seiner „Mystischen Theologie" (MTh) als Inbegriff eines spirituellen Aufstiegs in einer Folge von Negationen beschreibt.[69] Auf diese Weise möchte er dem verbreiteten Missverständnis begegnen, dass die in Schrift, Tradition und Theologie verwendeten Aussagen über Gott in ihrem buchstäblichen Sinn, also ohne spirituelle Deutung, verstanden werden dürften. Das gilt nach Überzeugung des Areopagiten beispielsweise auch für die Worte, wie sie im Prolog des Johannesevangeliums (Joh 1) ausgesprochen werden und wonach in dem göttlichen Logos „Licht" und „Leben" gegenwärtig ist: „In ihm war das Leben und das Leben war das Licht der Menschen; das Licht scheint in der Finsternis und die Finsternis hat es nicht ergriffen."

Die Vergegenwärtigung dieses Evangelienwortes erfordert eine spirituelle Erhebung in unermessliche Höhen. Der Bereich der „leicht gesagten Worte", von denen Ina Seidel im Gedicht spricht, ist ebenso zu verlassen wie alles oberflächliche Sinnieren und Fantasieren. Meister Eckhart wird später sagen, dass Gott „weder dies noch das" ist. Der Areopagite geht insofern noch viel weiter, als er selbst dogmatische Termini, unter ihnen der Begriff der Gottessohnschaft und was damit korrespondiert, aus seinem Denken ebenso tilgt wie die von ihm an anderer Stelle verwendeten zentralen neuplatonischen Begriffe „Eins" oder „Einheit". Und

---

[69] MTh V, zit. nach Kurt Ruh: Geschichte der abendländischen Mystik. Bd. I, S. 51 f.

wenn er dennoch von ihnen Gebrauch gemacht hat, dann wohl nur, um sich überhaupt eines sprachlichen Gefäßes zu bedienen, denn: „Das Wort ward Fleisch und wohnte unter uns!" – *Der radikale Verzicht auf Elemente theologischer Begrifflichkeit kennzeichnet also die „Mystischen Theologie". Licht und Leben, Geist und Göttlichkeit werden preisgegeben, um Gott als dem „Ganz Anderen" näher zu kommen:*

MTh V

Noch höher steigend sprechen wir jetzt aus, dass er [d.h. die Endursache allen Seins und Werdens] nicht Seele und auch nicht Geist ist, dass ihm weder Einbildungskraft [*phantasía*] zu eigen sein kann, noch Meinung [*dóxa*], noch Vernunft, noch Erkenntnis [*nóesis*], dass Gott weder ausgesprochen noch gedacht werden kann. Er ist weder Zahl noch Ordnung [*táxis*], noch Größe noch Kleinheit, nicht Gleichheit und Ungleichheit, nicht Ähnlichkeit [*homoiótes*], nicht Unähnlichkeit [*anhomoiótes*]. Er kann nicht unbeweglich sein, auch nicht sich bewegen, er ist nicht Ruhe und nicht Macht, noch hat er sie.

Er kann seine eigene Veränderung nicht wollen, noch sie bewirken. Er ist nicht Licht, er lebt nicht und ist nicht Leben. Er ist nicht Sein [*ousía*], nicht Ewigkeit, nicht Zeit. Man vermag ihn nicht mit Denken zu erfassen. Er ist nicht Wissen, nicht Wahrheit, nicht Herrschaft, nicht Weisheit, nicht die Eins [*to hén*] und nicht die Einheit [*henótes*], nicht Göttlichkeit [*theótes*], Güte und Geist [*pneuma*], so wie wir sie verstehen.

Er ist auch nicht Sohnschaft [*hyótes*] und Vaterschaft [*paterótes*], nicht, was sich mit etwas uns Bekanntem oder von irgendwem Erfahrenem vergleichen ließe. Er ist nichts von dem, was dem Nichtsein, aber auch nichts von dem, was dem Seienden gehört. So kann keines der Dinge ihn erkennen, insoweit er ist, aber auch er erkennt keine Dinge, insofern sie sind.

Es gibt kein Wort [*lógos*], keinen Namen [*ónoma*], kein Wissen [*gnosis*] über ihn. Er ist nicht Dunkelheit und nicht Helligkeit, nicht Irrtum und Wahrheit, man kann ihm überhaupt weder etwas zusprechen noch absprechen, was nach ihm ist. Wenn wir ihm etwas zusprechen oder absprechen, so ist er es nicht, dem wir zusprechen oder absprechen: Er steht über jeder Zusprechung, er ist die absolute und alleinige Ursache aller Dinge. Er steht auch über jeder Verneinung, der die Fülle [*hyperoché*] zukommt. Er steht außerhalb und über allen Dingen.

Mit guten Gründen wird darauf hingewiesen, dass die Vielfalt der Verneinungen nicht als ein Agnostizismus aufzufassen sei. „Die Verneinung aller unserer Aussagen über Gott besagt nur, dass er der Eine ist, jenseits unserer Erkenntnismöglichkeit steht, über alles Denkbare hinausragt: Er ist – und das ist eine der häufigsten Bestimmungen Gottes – über allem Sein (hyperoúsios).[70] Für Dionysius ist dies nicht nur eine Überzeugung oder eine dozierbare Lehre. Diese göttliche Dunkelheit ist – man muss immer wieder sagen: paradoxerweise – für ihn dennoch im Gebet anrufbar. Bezeichnenderweise eröffnet er seine „Mystische Theologie" auf diese Weise, mit einem Gebet. Seine Anrufung, die gleichzeitig an die Dreieinigkeit Gottes gerichtet ist, möge als betenden Anrede daher auch die Worte seiner Betrachtung beschließen:

Du, die du über alle christliche Gottesweisheit wachest, führe uns nicht nur jenseits von Licht und Dunkel, sondern auch über das Unkennbare hinaus, bis nahe an den höchsten Gipfel des mystisch deutbaren Wortes, bis dorthin, wo die einfachen, absoluten unversehrbaren Mysterien des Gotteswissens offenbar werden und wo die Dunkelheit des Schweigens über alles Licht hinaus die Wahrheit erhellt: Denn – tatsächlich – in diesem Schweigen enthüllen sich die Geheimnisse des Dunkels.

---

[70] Kurt Ruh a.a.O., S. 53.

O Dunkel des Schweigens! Es wäre nicht genug, von dir zu sagen, dass du vor lauter Finsternis in strahlendstem Licht aufglänzest, nicht genug, von dir zu glauben, dass dein Glanz sich immer gleich bleibe, unstörbar und unzerstörbar, nie zu sehen und nie zu erreichen. Es wäre auch nicht genug, von dir zu sagen, dass du, Dunkelheit des Urgrundes, jenen vollkommenen Geist, der die Augen des Daseins und die Augen des Seins zu schließen vermöchte, mit der Leuchtkraft deiner Fülle bis zum Bersten blendest und schöner bist als die Schönheit selbst!

Dieses sein Gebet lässt Dionysius in die Weisung an seinen Schüler und Freund Timotheus einmünden, er möge nicht ablassen, sich ebenfalls in eben solcher mystischer Schau zu üben, sich auch nicht von der Faszination des Verstandes beeindrucken zu lassen. Befreien möge er sich selbst von allem Sein oder auch Nichtsein. Über all dies hinaus möge er sich erheben, und zwar bis dicht an die Schwelle des Verschmelzens mit demjenigen, der über jedes Wesen, auch über jedes Wissen erhaben ist. Das volle Einswerden mit dem verborgenen Gott muss freilich unterbleiben:

Denn erst wenn du dich von allem ganz entäußert hast ... und ohne jeden Rest leer bist, erst dann wirst du dich in reinster Ekstase bis zu jenem dunkelsten Strahl erheben können, der aus der Urgottheit vor aller Erschaffung kam, jenseits von aller Welt und jenseits von allem Sein, entblößt auch noch von dem, was jedes und dich selbst erst zum Wesen macht.

Zur Disziplinierung der Priester

Bei der Lektüre von Kirchenväter-Texten, zu denen auch die areopagitischen Schriften gehören, ist nicht zuletzt an deren einst aktuelle Bezüge zu denken. Dazu gehören für die Zeit um 500 zum einen die Jahrhunderte lang mit Vehemenz ausgetragenen christologischen Streitigkeiten, das heißt die theologischen Auseinandersetzungen um die Frage nach dem Wesen und der Bedeutung Christi. Man stritt unter anderem darum, ob Jesus Christus allein oder in erster Linie als „wahrer Mensch" anzusehen sei und inwiefern er als der Gottessohnschaft teilhaftig anerkannt werden müsse. Die nicht selten mit Unerbittlichkeit geführten Kontroversen wurden auf ökumenischen Konzilen, etwa seit 325 in Nikaia (Nicaea) und mit unterschiedlicher Akzentuierung bei späteren Kirchenversammlungen ausgetragen. Der Verfasser des Corpus Dionysianum muss in diese Vorgänge einbezogen gewesen sein, etwa in die Auseinandersetzung mit den Monophysiten, die auf die „eine Physis", nämlich auf die angeblich vorherrschende göttliche Wesenheit des nunmehr zu Gott erhöhten Nazareners setzten. Andererseits gab es innerhalb der Gemeinden der Ostkirche, insbesondere in und mit der Priesterschaft, oft genug Anlass, innerkirchliche wie zwischenmenschliche Probleme zu lösen. Da war die pastorale Kompetenz eines Mannes wie Dionysius gefragt.

Einen Beleg für seine Anteilnahme stellt beispielsweise der achte seiner Hirtenbriefe dar. Er ist an einen Mönch namens Demophilus gerichtet und hat einen individuellen und praktischen Charakter. Wie bereits sein erster Übersetzer und Herausgeber Joseph Stiglmayr S.J. anmerkt, ist der Text dieses Briefes mit den übrigen Wortlauten der Dionysiaca formell wie inhaltlich verwandt. Das deutet auf dieselbe Verfasserschaft hin. Der Briefschreiber zeigt sich seiner seelsorgerlichen Verantwortung wegen veranlasst, mahnend und belehrend zu wirken. Im Folgenden kann es sich nur darum handeln, einige grundsätzliche Äußerungen zum priesterlichen Handeln wiederzugeben.[71] *Zunächst ein Wort zur seelsorgerlichen Kompetenz als solcher und zu deren etwaiger Begrenztheit. Dionysius muss bei den mit diesem Dienst Beauftragten um die dafür erforderliche Erfahrung besorgt sein.*

Die Priester können nicht mehr Offenbarer sein, sie können nicht dem Volk die göttlichen Kraftwirkungen verkünden, deren Wesen und Wert sie nicht kennen. Wie wollen sie, die der höheren Erleuchtung gar nicht teilhaftig sind, andere erleuchten? Wie können sie das göttliche Pneuma, den göttlichen Geist, mitteilen, da sie von der Existenz des Heiligen Geist nicht durchdrungen sind?

Nachdem Dionysius an das beispielgebende geistliche, durch verstehende Milde gezeichnete Leben eines Mose, eines David und anderer Gestalten der biblischen Geschichte erinnert hat, kommt er hier – wie auch an anderen Stellen – auf jene von oben kommenden, empor geleitenden „Strahlen" zu sprechen, mit deren Vermittlung es möglich sei, den Christusgeist aufzunehmen. Es geht darum, Anteil an dem göttlichen Sein zu gewinnen; andernorts wird geradezu von einer Vergöttlichung des Menschen gesprochen, etwa in Anlehnung an ein Wort des Kirchenvaters Athanasius, Gott sei Mensch geworden, damit der Mensch Gott werde:

Lasst uns zum Höheren emporblicken, bleiben wir nicht stehen bei den Güteerweisungen heiliger Männer, künden wir nicht die Guttaten der den Menschen befreundeten Engel und Gottesboten, die Mitleid mit den Menschen haben und beim guten Gott Fürbitte für sie einlegen ... Wir wollen vielmehr die heilsam wirkenden Strahlen des wahrhaft guten und übergüten Christus ruhig in uns aufnehmen und

---

[71] Angeblicher Brief an den Mönch Demophilus. Hrsg. Joseph Stiglmayr. München 1933, S. 159 ff.

durch sie zu seinen göttlichen Gnadenwirkungen lichtvoll emporgeleitet werden.

Ist es nicht ein Zeichen seiner unaussprechlichen, alle Begriffe übersteigenden Güte, dass er allem, was ist, Sein verleiht und all das ins Dasein gebracht hat, dass er nach seinem Willen alles stets sich ähnlich macht, damit alles an ihm Anteil haben soll? Ja noch mehr, wenn er sogar die Abtrünnigen mit Liebe umfängt und sich um sie, seine ins Elend versunkenen Lieblinge, bemüht und sie bittet, dass sie ihn nicht verschmähen, ... dass er sie noch entschuldigt? ...

Diesen Liebestaten Gottes gegenüber sei aber der Briefempfänger Demophilus aus gegebenem Anlass schuldig geworden. Gerade er habe es an der gebotenen Milde, wie sie einem geistlichen Menschen eigen sein sollte, mangeln lassen. Er habe bestimmten, zur Buße bereiten, um Schonung bittenden Menschen die kalte Schulter gezeigt und habe sie oder einen bestimmten Einzelnen weggestoßen. Alles in allem ist das ein sträfliches Verhalten, das einem Menschen des geistlichen Lebens nicht angemessen ist. In weit ausholender Rede wird der hartherzig und eigenwillig sich gebärdende Mönch getadelt. Wichtig sei, dass das kirchliche Gemeinwesen zu jeder Zeit in guter Ordnung gehalten werde. Für Dionysius bleibt jeweils das von ihm mit Nachdruck vertretene hierarchische Prinzip bedeutsam. Es gelte, jeweils die bestehenden „Rangstufen" zu berücksichtigen. Das will Dionysius auch im konkreten Leben beachtet und angewendet wissen. Ihn schmerzt, dass ein von ihm geschätzter Mensch, eben Demophilus, gelegentlich in seinem seelsorgerlichen Handeln gefehlt habe. Im Übrigen gelte:

Wenn, wie die Schrift sagt, Gott das Gericht zusteht, die Priester aber gleichsam Engel und nach den [zur Gesamtleitung bestimmten] Hierarchen Boten und Künder der göttlichen Gerichte sind, so lasse dich von ihnen im Göttlichen auf die geziemende Weise durch Vermittlung der Priester zu gegebener Zeit belehren, durch welche du auch in den Mönchsstand einzutreten gewürdigt wurdest ...

Zur Disziplinierung der Priester

Du selbst also setze der Leidenschaftlichkeit, dem Zorn und der Rede die gebührende Grenze. Dir gegenüber aber sollen es auch die göttlichen Liturgen tun, diesen die Priester, den Priestern die Hierarchen, den Hierarchen die Apostel und Nachfolger der Apostel. Und wenn irgendeiner unter ihnen von dem geziemenden Weg abweichen sollte, wird er von den Heiligen der gleichen Rangstufe zurechtgewiesen werden …. Jeder wird in seiner eigenen Ordnung und in seinem Dienstkreis verbleiben.

So viel sei dir von uns gesagt, damit du weißt und tust, was dir zusteht … Was aber dein unmenschliches Benehmen gegen jenen Menschen betrifft, den gottlosen und frevelhaften, wie du ihn nennst, so weiß ich nicht, wie ich den tiefen Fall meines Lieblings [Demophilus] genugsam beweinen soll …

Mit großem Eifer wollen wir uns bemühen, dass wir mit dem guten Gott verbunden bleiben, dass wir allezeit mit Christus vereinigt seien, nicht samt den Bösen nach gerechtem Richterspruch Gottes von ihm ausgeschlossen werden und dann die von uns wohl verdiente Strafe erleiden. Das ist es, was ich am meisten von allem fürchte. Mein Wunsch ist, vom Übel frei zu bleiben. Und wenn du willst, lass mich dich jetzt an die Vision eines heiligen Namens erinnern.

Worte der Weisheit und der Erfahrung

Es entspricht dem Wesen der areopagischen Spiritualität, nicht nur die göttliche Transzendenz zu lehren und nicht allein Gottes prinzipielle Jenseitigkeit seinen Lesern verständlich zu machen. Wie nicht anders zu erwarten, ist er sich darüber hinaus bewusst, dass er diesen Auftrag stets im Angesicht der Gottheit zu erfüllen hat. Deshalb eröffnet er die seinem Schüler Theophilus zugeeignete „Mystische Theologie" mit einer Anrufung Gottes. Darin dürfen jene von ihm häufig gebrauchten Vokabeln nicht fehlen, die im Zeichen eines spirituell erstrebten „Darüber hinaus" und der unüberbietbaren Steigerung stehen: [72]

Dreifaltigkeit,
du überwesentliche, übergöttliche, übergute,
du Lenkerin der Gotteswissenschaft der Christen!
Zum überheimlichen und überlichten hohen Gipfel
der Erleuchtungsreden leite uns!

Dort, wo im überlichten Dunkel
mystisch heimlichen Schweigens verborgen sind
der Gotteswissenschaft Mysterien:
Einfach in sich selbst gegründet, wandellos,
erglänzend überhell in Finsternis,
erfüllend, überfüllend
augenlose Geister
zu dem unfassbaren
überschönen Glanz
der Lichter.

Es ist das – wie es in den Schriften heißt – „überlichte Dunkel", das nicht dem Schauen, sondern der Blind-

---

[72] Die Wiedergabe folgt nach Otto Karrer: Der mystische Strom (S. 229 ff), gemäß der Ausgabe von 1911.

heit, nicht dem Wissen, sondern allein einem qualifizierten Nicht-Wissen zugänglich ist. So steht unleugbar fest: Die uns geläufigen Sinnesfunktionen eignen sich nicht für die Wahrnehmung des Unverfügbaren. Nicht zufällig besagt das Wort „Mystik" (griech.: „mýein"), die äußeren Augen und Ohren schließen, um nicht durch all das abgelenkt zu werden, was die Aufmerksamkeit an die Objekte der Gegenstandswelt bindet. Da kann sich die innere Wahrnehmung, das spirituelle Gewahrwerden, nicht entfalten Es bedarf daher einer besonderen achtsamen Einstellung des geistoffenen Menschen. Sie muss von jedem und von jeder in eigener Initiative hergestellt und aktiviert werden – durch Meditation und durch die wort- wie bildfreie Kontemplation.

Freilich beschränkt sich Dionysius bei seinen Hinweisen und Empfehlungen in der Regel dort auf allgemeine Grundsätze, wo man von ihm entsprechende methodische, das heißt dem inneren Weg angemessene Hinweise erwarten möchte. So werden heutige Leser empfinden, die noch am Anfang dieses Wegs stehen. Offensichtlich kann der Autor bei seinen ersten Lesern, einschließlich der Empfänger seiner Hirtenbriefe, die dazu erforderlichen Kenntnisse samt praktischer Einübung als selbstverständlich voraussetzen. So kann es der Areopagite bei dem belassen, was er hier dem Empfänger schreibt.

Darum, mein lieber Timotheus, in deinem eifrigen Streben um mystische Schauung, lass zurück Sinnestätigkeit ebenso wie Verstandestätigkeit; lass zurück das Sinnenhafte sowohl wie das Verstandesgemäße. Lass auch zurück das Nichtsein, um übersinnlich, soweit es dir angemessen ist, aufzusteigen zur Einheit mit dem, der über allem Wesen und Wissen beheimatet ist ...

Denn in der über alles erhabenen Erstursache muss man zwar alles setzen und alles bejahen, was in dem Seienden immer gegeben ist, weil sie die Ursache von allem ist. Aber viel mehr noch muss man all das verneinen, weil sie erhaben ist über allen Dingen. Und denke dir keinen Widerspruch zwischen dem Ja und dem Nein. Vielmehr denke sie jenseits des Nein. Es ist allem Nein wie allem Ja entrückt ...

Dabei handelt es sich um die unsägliche Erhabenheit dessen, von der ihm sein philosophischer Lehrer Proklos in dessen „Initia Theologiae" (etwa: „Elemente" oder „Grundlagen der Theologie") schreibt: „Jeder Gott ist überwesentlich, über dem Sein, über dem Leben, über dem Geist, denn wenn er eine urvollkommene Einheit ist, und jedes Einzelne von diesen aber nicht eine Einheit, sondern ein Geeintes, mit Eigenschaften Behaftetes darstellt, so ist es klar, dass jeder Gott über alles Erwähnte hinaus ist, dass jeder Gott Eines ist, und zwar gleicherweise über Wesenheit, Leben und Geist hinaus."
Um ferner seinen durch Paradoxien bestimmten Ansatz gleichsam auf die Spitze zu treiben und einer totalen Arationalität das Wort zu reden, fügt Dionysius hinzu:

Es ist weder Finsternis noch Licht, weder Irrtum noch Wahrheit. Es gibt bei ihr weder Ja noch Nein. In dem, was unter ihr ist, da setzen wir zwar Ja und Nein. In ihr selbst aber setzen wir damit nichts, weder in bejahendem Sinn noch in verneinendem Sinn. Denn erhaben über alles Ja ist die vollkommene einige Ursache von allem – und erhaben über alles Nein und jenseits von allem ist sie zugleich, nämlich die schlechthin jenseitige, allem entrückte.

Um dem Wesen der auf dem spirituellen Weg angestrebten Erleuchtung näher zu kommen, ist nochmals auf Gedanken einzugehen, wie sie in den „Göttlichen Namen" ergänzend ausgeführt sind. Zwar spricht Dionysius in der bekannten Weise von der – soweit es die Begrenztheit des menschlichen Erkenntniswillens betrifft – unerreichbaren göttlichen Transzendenz. Doch das lässt ihn bei seinem Eifer nicht ruhen, nach dem, was uns „unbedingt angeht", zu fragen. Nicht nachlassen kann er in dem Bestreben – bei aller Scheu vor dem Heiligen –, dem näher zu kommen, was „droben" ist, letztlich der Gottheit Gottes. Und selbst da müsste Dionysius einwenden, dass dies nur eine bestenfalls vorläufige und behelfsmäßige Redeweise sein kann. Wer darf da, von der Negativen Theologie herkommend, eine „Annäherung" erwarten? Gleichzeitig: Wer darf über aller Negation die Gottesgegenwart, die den Mystiker, die Mystikerin je und je überwältigt, infrage stellen?

Es leuchtet ein, dass man sich dabei wieder und wieder im Bezirk der unverfügbaren Gnade bewegt, denn dem menschlichen Streben bleibt, wie immer wieder betont wird, eine unüberwindliche Grenze gesetzt. Aber es gibt für Dionysius jenen bereits erwähnten, von Gott kommenden „Strahl", der den Menschen zur Einsicht bringt und erleuchtet. Mit anderen Worten: Offensichtlich bietet sich das Unverfügbare, sofern überhaupt, in den Formen des Diesseitigen dar, das Unbegrenzte im Begrenzten, wie immer dies von Fall zu Fall vorgestellt werden kann: gleichsam als Ewiges in der Hülle des Zeitlichen. Dennoch bleibt notgedrungen der Eindruck, dass sich die damit verbundenen Paradoxien, die der Schreiber seinen Lesern zumuten muss, nicht eigentlich auflösen lassen. Die dabei begegnenden Widersprüche bleiben bestehen. Sie müssen ausgehalten werden!

So weit nur können wir zum Unzugänglichen den Sinn erheben, als sich der Strahl der göttlichen Schriften in uns senkt, indes wir uns für jenes überirdische Licht zu ehrfurchtsvollem Sinn und frommer Scheu zu stimmen trachten, wie es vor dem Göttlichen sich geziemt. Denn wenn der weisen und wahrhaften Gotteswissenschaft auch nur ein wenig zu vertrauen ist, so entschleiert sich das Göttliche und lässt sich schauen nach Maßgabe der Empfänglichkeit des einzelnen Geistes und stellt die göttliche Güte nach heilsamem Gesetz der Gerechtigkeit unsagbar fein und würdig das Unbegrenzte im Begrenzten dar.

Doch wahrlich, ohne jede Mitteilung ist jenes Gute überhaupt ein Nichts von dem, was ist. Wandellos in sich, lässt es voll Güte seinen überwesentlichen, ihm innewohnenden Strahl in einem jeden leuchten, das da ist und leuchtet, nach eines jeden Maß. Es hebt zu der entsprechenden Anschauung, Gemeinschaft und zu dem Ähnlichwerden die frommen Geister, die geziemend und würdig sich darum bemühen – und zwar weder sinnlos sich vermessend über die Grenze der ihnen zugemessenen Gottesoffenbarung, noch kraftlos niederwärts sich neigend zu dem Schlechteren. Fest und unbeweglich soll der Mensch den Blick gerichtet halten zu dem ihm aufgegangenen Strahl und sich durch Liebe, gemäß dem ihm vergönnten Licht, fromm und besonnen aufwärts tragen lassen ...

Was so der Heiligen Schrift gemäß die geheime Überlieferung und Lehre unserer gotterfüllten Meister uns an göttlichem Licht geschenkt hat, das haben denn auch wir empfangen als verborgene Weisheit.[73] Noch hat uns jetzt, in Anpassung an unsere schwachen Kräfte, die Menschenfreundlichkeit der Heiligen Schrift und Überlieferung wie mit ehrfürchtigem Schleier das Geistige verhüllt mit Sinnlichem, das Überseiende mit Seiendem; sie hat das Gestalt- und Bildlose umkleidet mit Gestalt und Bild; sie hat das Überwesenhafte, Ungestaltige umgeben mit einer Fülle bunter Teilsymbole.

Einst aber, wenn wir unvergänglich und selbst unsterblich geworden sind, wenn wir heimgelangt sind zum seligen Bild der Christusfrömmigkeit, dann werden wir allezeit beim Herrn sein. Das wird geschehen nach seinem Wort[74] und erfüllt in heiliger Schau von seiner sichtbaren Gottesoffenbarung, die uns leuchtet in strahlendem Licht. So schauten es die Jünger Jesu in jener göttlichen Verklärung [auf dem Berg].

In dem durch die Schrift (Jak 1,17) bestätigten Wissen, dass alle gute und alle vollkommene Gabe von oben herab, von dem „Vater des Lichtes" kommt, wendet sich Dionysius

---

[73] Dionysius nimmt Bezug auf den Apostel Paulus, der wiederholt auf die von der Welt her in Gott verborgenen, den Seinen jedoch anvertrauten Weisheit (1 Kor 2,7; Eph 3,9; Kol 3,2) aufmerksam macht.

[74] 1 Joh 3,2: „Es ist noch nicht erschienen, was wir sein werden. Wir wissen aber, wenn es erscheinen wird, dass wir ihm gleich sein werden; denn wir werden ihn sehen, wie er ist."

der vereinigenden Kraft zu, durch die sein ganzes Denken bestimmt ist. Von ihr lässt er sich ergreifen, um Teilhabe an dem Unvergänglichen zu erlangen. Oder mit seinem philosophischen Gewährsmann Proklos zu sprechen: „Jede Vielheit hat auf irgendeine Weise Anteil am Einen. Denn wenn sie auf keinerlei Weise Anteil am Einen hätte, so würde das Ganze selbst kein Eines sein ... Alles, was Eines wird, wird dies nur durch die Teilnahme am Einen ... Jede Vielheit folgt auf das Eine als ein Zweites. Und alles Einzelne hat seiner Natur nach am Einen Anteil. Und es kann kein Einzelnes genommen werden, was nicht Eines wäre."

Auch jeder Ausgang der von dem Vater angeregten, gütig zu uns dringenden Strahlen des Lichtes zieht uns wiederum als eine einigende Kraft empor und wendet uns der Einheit unseres Vaters zu, der das Prinzip der Einheit *(to hén)* ist: Zur Einfachheit, die uns vergöttlicht. Denn von ihm und durch ihn und zu ihm sind alle Dinge, wie die heilige Schrift [Röm 11,36] sagt ... Deswegen wird alles mit Recht auf die göttliche Einheit zurückgeführt und ihr zugeschrieben.

Wie man in anderem Zusammenhang in den areopagitischen Ausführungen zu den Gottesnamen erfährt, bedient er sich gern einer besonderen Bezeichnung. Er spricht von dem „Lichtnamen des Guten", dessen Bedeutung der Autor den Seinen nahebringen möchte. Er möchte sie gleichsam in dieses Licht hineinstellen:

Lasst uns bekennen den Guten als geistiges Licht. Ihn, der den himmlischen, überhimmlischen Geist ganz erfüllt mit seinem geistigen Licht, alles Unwissen und alles Irren vertreibt aus den Seelen. [Es sind die Seelen], in die er sich einsenkt, und allen mitteilt vom heiligen Licht, läuternd ihr geistiges Auge von dem sie umlagernden Nebel der Unwissenheit, auftreibend, aufreißend die in tiefer, dunkler Schwere Befangenen.

Ein wenig nur gibt er zuerst von dem verborgenen Leuchten. Dann aber, wenn sie gleichsam vom Licht gekostet hat, gewährt er auch mehr und leuchtet noch stärker. Denn es geschieht aus großer Liebe. So hebt er sie immer höher hinauf, nach dem Maß ihres Strebens.

An Erlebnissen eines solchen „Hinaufgehoben-Werdens" ist kein Mangel, in der Geschichte nicht und nicht in der Gegenwart. Nicht selten handelt es sich um Ereignisse, die uns überraschen, weil man sich letztlich darauf nicht vorbereiten kann, es sei denn, man schafft sich in seinem Alltag regelmäßig wiederkehrende Momente des Stillewerdens, der Achtsamkeit auf das, was gerade in diesem Moment uns wichtig wird; auch Augenblicke des Schweigens bei voller Wachheit des Bewusstseins. Derartiges führt an die Meditation und an die Kontemplation heran. „Schlüsselerlebnisse vor einem spirituellen Durchbruch" kann man nennen, was sich dabei begibt. Für sie gibt es auch vielerlei historische Beispiele.[75]

In seinen unter anderem an den Mönch Gaius gerichteten Briefen kommt Dionysius auf die Eigenart der spirituell zu betrachtende „Finsternis des Lichtes" zu sprechen. Daran anschließend lässt er ein mahnendes Wort einfließen, damit der Erfahrende nicht jedes außergewöhnliche, übersinnliche, emotional ergreifende Erleben vorschnell bereits als „Gotteserfahrung" einschätzt. Wer sich diese Meinung zu eigen macht, nun habe er ihn erfahren, der hat ihn gerade nicht erfahren. Er hat das Wesen des „hell-lichten Dunkels des Absoluten" (J. Sudbrack) noch nicht begriffen. Wieder muss man sich klar machen, wie brüchig und unzuständig unser auf die Gottheit Gottes bezogener Erkenntnisbegriff ist, weil er einer grandiosen Selbsttäuschung Vorschub leistet.

---

[75] Gerhard Wehr: Selbst-Werdung und religiöse Erfahrung. Analytische Psychologie und Spiritualität. Stuttgart – Edition Opus magnum 2009, S. 105–130.

Die Finsternis ist für das Licht nicht sichtbar. Und das gilt in besonderem Maße für sehr helles Licht. Erkenntnis lässt das Unerkennbare im Unsichtbaren. Und das gilt in besonderem Maße, je reicher sie an Erkenntnis macht. Wenn Du, Gaius, die Finsternis und das Unerkennbare aber als etwas Überragendes auffasst und nicht geradezu als einen Mangel, dann musst Du zugeben: Denen, die dass Licht haben, nämlich Erkenntnis über Seiendes, ist das Unbekannte Gottes [umso mehr] verborgen. Denn die Finsternis, die über das Licht hinaus liegt, verbirgt sich jedem Licht und jeder Erkenntnis.

Und wenn jemand, der [angeblich] Gott „gesehen" hat, sich nun überlegt, was er tatsächlich gesehen hat, dann hat er eigentlich nicht ihn gesehen, sondern nur etwas von dem Seinen, was existiert und erkannt werden kann. Gott ist aber über dem Erkennen und über dem Sein. Er, der alles ist, kann nicht erkannt werden und auch nicht sein; er kann auch nicht ein Existierendes unter anderen sein. Sondern er „ist" auf eine das Sein übersteigende Weise und er wird nur mit einer Erkenntnis, die über alles Erkennen hinaus ist, „erkannt". Und so ist die vollkommene Unkenntnis die bessere Erkenntnis dessen, der über allem Erkennen steht.

Immer dem platonischen Denken von der Zusammengehörigkeit des Guten und des Schönen verpflichtet, lässt Dionysius keinen Zweifel darüber aufkommen, dass es sich dabei um so etwas wie einen Doppelnamen des Göttlichen handeln müsse. Und wenn er sich auf seine „göttlichen Lehrer" beruft, so dürfte es ihm nicht schwer gefallen sein, darunter sowohl Christen als auch die ihm nahestehenden nichtchristlichen Neuplatoniker zu verstehen, die er ins Licht der christlichen Botschaft stellt. Die Wahrheit kennt keine Weltanschauungsgrenzen.

Das Gute wird von den heiligen Lehrern auch als das Schöne gepriesen, als Schönheit, als Liebe und als Geliebtes und was sonst noch an göttlichen Namen ziemt der liebenswürdigen Schönheit, die Schönheit schafft …

So ist dasselbe das Schöne und Gute, und nach dem Schönen und Guten strebt alles in jeglicher Hinsicht. Und nichts ist unter dem Seienden, das nicht teil hätte an dem Schönen und Guten ... Das eine Schön-Gute ist der Urgrund von allem und jedem, was schön und gut ist.

Wie bereits zu sehen war, steht die Liebe in ihrer Doppelgestalt von Eros und Agape im Zentrum seiner Rede von den Gottesnamen, nämlich in ihrer Verbundenheit mit dem Schönen und Guten. Dionysius legt Wert darauf, bei seiner Einschätzung dieser Begriffe mit der Schrift übereinzustimmen. Die Liebe ist es, die die bestehenden Grenzen und Unterschiede aufhebt. Das Ich öffnet sich für das Du, für das irdische Du. Von ihm sagt Martin Buber, dass es „Durchblick" sei zum ewigen Du. In diesem Zusammenhang erinnert Dionysius an Davids Freundesliebe, die ihn mit Jonathan, dem Königssohn, einst verbunden hat (2 Sam 1,26) und dessen Verlust ihn schmerzt. Damit ist das Schöne und das Gute, das Menschen einander geben können, aus dem Herzen gerissen.

„Wie Frauenliebe", so heißt es einmal, „fiel deine Liebe auf mich". – Danach bedeutet für die, die das Göttliche wohl verstehen, in den heiligen Schriften der Name „Minnesehnsucht" und „Liebe" dieselbe Kraft. Eine Kraft ist sie und ein Band der Einheit, eine Verschmelzung im wahrsten Sinn des Wortes.

Im Schönen und Guten wirksam, ist sie von ewig wegen des Schönen und Guten. Sie entspricht auch dem Schönen und Guten wegen des Schönen und Guten. Sie hält zusammen das Gleichgeartete zu Gemeinschaft und Wechselbeziehung. Sie regt das Höhere an zu fürsorglicher Neigung für das Geringere. Schließlich wendet sie ermutigend das Bedürftige dem Stärkeren zu.

Die göttliche Liebe erhebt sich über die Schranken des Ich, lässt nicht sich selber gehören den Liebenden, sondern lässt ihn des Geliebten sein. Das zeigen die Höheren, indem sie in Fürsorge sich annehmen des Schwächeren, die Gleichen durch ihr Zueinandersein.

Dionysius fährt fort, das Gute als das wahrhaft Seiende und als das Wesenheit Spendende zu preisen, um dann einen ebensolchen Preisgesang auf das ewige Leben anzustimmen. Darunter versteht er ein solches Leben[76], von dem alles Lebendige durchwirkt ist.

Wie wir vom Seienden sagten, dass es das ewige Sein ist, das in sich selber ruht, so ist es auch hier: Das Leben in sich ist das göttliche Leben über allem Leben, lebendig bewegt und in sich ruhend. Denn alles Leben und alle Lebensbewegung ist aus dem Leben, das da erhaben ist über dem Leben, wie über des Lebens Anfang zumal.

Aus ihm haben die Seelen sowohl ihr unvergängliches Leben[77] wie auch alles sonstige Lebendige und alle Gewächse bis zur niedersten Stufe hinab … Denn jenes Urleben, das da ein Leben über dem Lebenden ist, ist Ursache jeglichen Lebens, das seinerseits wiederum Leben erzeugt und mit Leben erfüllt. Es ist hoch zu preisen, dieses unaussprechliche Leben.

---

[76] Seiner Wortbildung entsprechend spricht der Autor vom „Über-Leben" als einer Qualität, die das, was wir unter Leben verstehen, noch ins Unbeschreibliche übersteigt.

[77] Anspielung auf die Unsterblichkeit der Seele im Sinne der platonischen Philosophie.

Schlusswort

Es ist nicht zu leugnen: Als ein Unbekannter, von allerlei Fragen und Rätseln Beladener hat Pseudo-Dionysius Areopagita seinen Gang durch die östliche wie auch die westliche Kirchengeschichte angetreten. Er hat sich als ein Autor der Christenheit erwiesen, der wie kaum ein anderer bestrebt war, die Gottheit Gottes in ihrer Einzigartigkeit, ihrer Unvergleichbarkeit und von Dunkelheit verhüllten Unerreichbarkeit darzustellen.

Nahezu eineinhalb Jahrtausende hindurch hielt er Fromme und theologisch Forschende in Atem, weil man den Mann aus der fortgeschrittenen Kirchenväterzeit mit einem Zeitgenossen und Schüler des Apostels Paulus verwechselte. Irrtümlicherweise meinte man eine erstaunlich lange Zeit hindurch, seine Schriften denen des Neuen Testamentes gleichstellen zu sollen. Die erlangten infolge dessen eine geradezu kanonische Bedeutung, wiewohl deren sich wandelnde Einschätzung von Epoche zu Epoche zum Teil erheblich variierte. Das wird nicht zuletzt durch die rückhaltlose Rezeption und hohe Einschätzung durch mystische Autoren des Mittelalters deutlich. Wie hoch schätzte allein Meister Eckhart seinen Dionysius ein, insbesondere wenn Aussagen über die neun Engelchöre und deren Bestimmung zu machen waren. Im Übrigen erhält ein literarisches Werk – gleich welcher Art – seinen Rang nicht bereits durch die historische Verifikation ihres Autors, sondern – vor jeder individuellen Zuordnung – durch ihren Wahrheitsgehalt beziehungsweise durch ihren spirituellen Tiefgang. Das gilt insbesondere für Mysterien-Schriften wie den hier vorliegenden.

Des Dionysius Schriften handeln davon, wie das Unendliche sich dem Endlichen, das Ewige sich dem Zeitlichen offenbart und gleichzeitig entzieht. Dabei schrieb er in dem Wissen um das Unvermögen des irdischen Menschen, der

Schlusswort

Gotteserkenntnis auch nur annähernd verstehend gerecht zu werden, getreu der schlichten Tatsache: Gott ist im Himmel, der Mensch auf der Erde.

Darüber hinaus ist mancherlei Befremdliches in den dionysischen Büchern nicht zu übersehen. Dazu gehören die starke Hervorhebung des griechischen Denkens und damit die Dominanz neuplatonischer Vorstellungen, denen gegenüber die Überlieferung der hebräischen Bibel, trotz einschlägiger Zitate und Anspielungen, nachgeordnet erscheint. Der historische Jesus von Nazaret wird in den Schatten des machtvoll auftretenden, an der Spitze der göttlichen Hierarchie stehenden Christus-Pantokrator gerückt. Nicht weniger befremdlich ist das Insistieren des Areopagiten auf ein hierarchisch gestuftes Ordnungsdenken, in dem der „Laie" – mithin das aus Brüdern und Schwestern gleicher Würde gebildete Gottesvolk (von griech. „láos", Volk) – geradezu vernachlässigt wird. Richtmaß ist für den Areopagiten stets die Urgottheit, der ewige Eine.

Von ihm, dem allem Übergeordneten, ergeben sich alle anderen Abstufungen, eben der Hierarchien, in der oberen wie auf der irdischen Welt. Insofern mag es auch verwundern, dass die führenden, die Gottesgegenwart bezeugenden Gestalten der abendländischen Mystik gerade ihn als eine Art „Gründervater" ihrer Geistesart ausersehen haben.

Dieses Befremdliche ist es, das insbesondere in der Neuzeit die Akzeptanz des berühmten Unbekannten erschwert. Von daher gesehen bleibt es dem Menschen der jeweiligen Gegenwart anheimgestellt, auf welche Weise er dem Dionysius Areopagita als einem großen Unzeitgemäßen entgegentreten und seine Spiritualität in heutiges Denken und Vorstellen zu integrieren vermag. Diese Aufgabe stellt an jeden, der sich ihrer annimmt, hohe Ansprüche und erfordert nicht zuletzt auch einige Geduld für seine von litaneiartigen Wiederholungen durchsetzten Darstellungen.

Man denke ferner an seine „Theologia Mystica", die nach einhelliger Meinung der Dionysius-Kenner als Krönung des gesamten literarischen Werks, das heißt des „Corpus Dionysiacum", anzuerkennen ist. Diese geistig-geistli-

che Hinterlassenschaft zählt nach einem ebenfalls kaum zu bestreitenden Wort von Josef Sudbrack S.J. zu „den bedeutendsten Texten der abendländischen Geistesgeschichte" überhaupt.

VI.

Stimmen und Zeugnisse zu Dionysius Areopagita

VI. Stimmen und Zeugnisse zu Dionysius Areopagita

Josef Bernhart 1922

Dieser Mann, der sich den Namen des Dionysius Areopagita beigelegt, hat Bücher abgefasst, die sich mit dem Nimbus ihres Autornamens eine helle Bahn durch die Jahrhunderte brachen. Wer ist er? Ein Kompilator, ein Plagiator …?

Hugo Ball 1923

Weisheit vieler Generationen von Priestern scheint in den Schriften dieses Heiligen Gestalt gewonnen zu haben. Ein Wissen um namenlose Geschicke, ein Schauer schmerzlichster Nähe diktiert den beschwörenden Hymnus seiner Metaphysik. Und schließlich also: nicht dem Verstande verdankt er sein Wissen, sondern dem Herzen … Im innersten Herzen der Güte ward die Erleuchtung geboren … Die Distinktionen des Herzens werden zu Distinktionen der Lichtintensität.

Otto Karrer 1926

Die theologische Mystik weist vom Mittelalter bis tief in die Neuzeit wohl kein Lehrbuch auf, in dem nicht Dionysius der Lehrer wäre. Nur Teresa von Avila hat ihn überflügelt, auch ihrerseits aus seinem Brünnlein schöpfend, um einen ihr geläufigen Vergleich zu gebrauchen … Dionysius hat sich nicht als Pantheist, sondern als Christ gefühlt, und mit Recht. Wenn auch seine philosophische Mystik nicht organisch aus dem Evangelium erwächst, so steht sie doch nicht im Widerspruch zur christlichen Offenbarung.

VI. Stimmen und Zeugnisse zu Dionysius Areopagita

Josef Stiglmayr 1933

Mehr als einmal ist Dionysius ein Neuplatoniker in christlichem Gewande genannt worden. Mit mehr Recht würde man ihn als Christ im neuplatonischen Philosophenmantel bezeichnen.

Josef Koch 1956

Augustinus und Pseudo-Dionysius sind Autoritäten ersten Ranges. Ein lateinischer Theologe mag manches im *Corpus Dionysiacum* mit Befremden gelesen haben. Aber wie konnte er einen ‚Apostelschüler' ablehnen oder kritisieren? Es kam vielmehr darauf an, ihn mit den längst feststehenden Autoritäten in Harmonie zu bringen, und dazu gehörte natürlich Augustinus.

Walter Tritsch 1956

Unter den Bewahrern des gefährdeten Christentums vor östlicher Magie einerseits, vor westlichem Rationalismus andererseits, nimmt der Verfasser der areopagitischen Schriften eine Sonderstellung ein. Was durch die heiligen Kirchenväter der ersten großen christlichen Jahrhunderte vorbereitet worden war, vertiefte er, begründete, klärte, ordnete er zu einem großartigen System, dessen theologische Autorität viele Jahrhunderte lang unmittelbar hinter der Heiligen Schrift zitiert wurde. Denn er gründete diesen Glauben nicht auf Wunder, sondern auf die Ordnung des Alls und auf die sinnsetzende Absicht des Schöpfers.

VI. Stimmen und Zeugnisse zu Dionysius Areopagita

Hans Urs von Balthasar 1969

Dionysius ist der einzige Fall in der Theologie – ja in der gesamten Geistesgeschichte, dass ein Mann von allererstem Rang und unabsehbarer Wirkung seine Identität verbergen konnte – nicht nur einem leichtgläubigeren Jahrtausend, sondern auch dem kritischen Scharfsinn der Neuzeit – und gerade auch durch diese Verhüllung seinen Einfluss auszuüben vermochte. Das kann die heutige, zumal deutsche Gelehrtenwelt ihm nicht verzeihen.

Maurice de Gandillac 1984

Dionysius liefert ein gutes Beispiel für die Assimilation des großen hellenistischen Erbes durch das Christentum. Man kehrte aber die Zeit- und Abhängigkeitsfolge um und machte ihn zum Urheber – vielleicht den bedeutendsten – jener neuplatonischen Tradition, der er in Wirklichkeit einen beträchtlichen Teil seiner Denk- und Schreibweise verdankt.

Josef Sudbrack 1989

Dass der unbekannte Verfasser, wohl ein syrischer Mönch, sich den Namen des von Paulus bekehrten „Areopagiten" zulegte, darf man nicht moralistisch beurteilen. Es liegt auf der Ebene eines damals geläufigen mystisch-allegorisierenden Umgangs mit der Überlieferung. Als (vermeintlicher!) Apostelschüler will der Autor in Tiefen führen, die Paulus seinen schwachen Gemeinden noch nicht offenbaren konnte.

VI. Stimmen und Zeugnisse zu Dionysius Areopagita

Endre von Ivánka 1990

Bei allen Schwierigkeiten, die die Schriften des Dionysius dem modernen Leser bereiten, muss man sich immer wieder vor Augen halten, dass, so nah uns geistig der Platonismus steht, er hier, in der neuplatonischen Spätantike, in eine uns Heutigen geistig ferne Welt entrückt worden ist, aus der ihm erst Dionysius heimgeholt hat, um ihn für das Christentum fruchtbar zu machen.

Kurt Ruh 1990

Nach tausend Jahren Glanz und Ruhm wurden Dionysius Areopagita und seine Schriften seit Beginn der Neuzeit zum wissenschaftlichen Rätsel, ja für viele zum Ärgernis ... Aber sind Mystifikation und Fiktion, zeitgeschichtlich betrachtet, wirklich ein Ärgernis, das den Autor in Misskredit bringen muss und der grenzenlose Erfolg von der Sache, das heißt von den Texten, her gerechtfertigt und deshalb rätselhaft? Darüber wird zu handeln sein.

Paul Rorem 1993

Von ihrem ersten Erscheinen bis in unsere Tage hinein haben die Pseudo-Dionysischen Schriften viele Züge christlichen Lebens und Gedankengutes in Ost und West beeinflusst, wenn auch nicht so tiefgehend, wie zuweilen behauptet wird. Obschon der Einfluss des Areopagiten deutlich und weitreichend und zu Zeiten tiefgreifend war, bedarf es noch einer umfassenden Auswertung.

VI. Stimmen und Zeugnisse zu Dionysius Areopagita

Bernard McGinn 1994

Dionysius ist darum so wichtig, weil mit ihm Theologie erstmals explizit mystisch wurde: Er schuf die Kategorien (mitsamt dem Begriff „mystische Theologie" selbst), die spätere christliche Mystiker in die Lage versetzten, ihr Bewusstsein von Gottes Gegenwart und vom Mysterium seiner Abwesenheit mit der von „Dionysius" repräsentierten apostolischen Tradition in Verbindung zu bringen. Der geheimnisvolle Autor bleibt zumindest in wichtigen Teilaspekten der Meister ins Mystische gewendeter Theologie.

Gerd-Klaus Kaltenbrunner 1996

Die Schriften des Dionysius atmen eine derartige sublime Geistigkeit und strömen für jeden, der über empfindsame und unterscheidungsfähige Nüstern verfügt, den aromatischen Wohlgeruch vollkommener Heiligmäßigkeit aus, den hellen Lichtduft einer serafischen Existenz.

Georg Scherer 1999

Dem Autor geht es um eine Synthese zwischen dem Neuplatonismus und dem christlichen Glauben ... Der Mensch muss sich der göttlichen Inspiration öffnen, die auch die biblischen Schriftsteller erfüllte. Dann wird er mit dem unerkennbaren Gott in unaussprechlicher und unerkennbarer Weise vereinigt, indem in unserer Vernunft eine ihr überlegene Fähigkeit hervorgerufen wird. Dabei zeigt sich: Gott ist nicht nur in seine unzugängliche Transzendenz entrückt, sondern wird auch als der alles Umfassende gegenwärtig.

VI. Stimmen und Zeugnisse zu Dionysius Areopagita

Kurt Flasch 2006

Man hat sich daran gewöhnt, von Dionysius zu sagen, er habe die philosophische „Mystik" des Mittelalters begründet. Oft versteht man dann diese philosophische „Mystik" als Gegenströmung zur „Scholastik". Aber der Ausdruck „Scholastik" ist unglücklich. Er ist nicht geeignet, die Gesamtheit der mittelalterlichen Philosophie zu bezeichnen, auch nicht für die Zeit nach dem 12. Jahrhundert ... Auch alle Autoren der sogenannten „scholastischen" Richtung trieben in diesem Sinne „mystische" Theologie. Dafür sorgte allein schon die überragende Autorität des Dionysius Areopagita.

Beate Regina Suchla 2008

Der christliche Denker Dionysius Areopagita, der über Philosophen und Theologen wie Johannes Scotus Eriugena, Hugo und Richard von Sankt Viktor, Albert den Großen oder Thomas von Aquin die christliche Philosophie und Theologie bis in die Gegenwart hinein beeinflusst, zählt zu den meist rezipierten und meist kommentierten Autoren. Die Auseinandersetzung mit seinem Denken in Ost und West ist vergleichbar jener mit den Konzeptionen von Platon, Aristoteles und Augustinus, was zahlreiche syrische, griechische und lateinische Kommentare ... belegen.

Josef Ratzinger – Benedikt XVI. 2008

Dionysius Areopagita erscheint uns als der große Vermittler im modernen Dialog zwischen dem Christentum und den mystischen Theologien Asiens, deren Charakteristikum in der Überzeugung liegt, dass man nicht sagen könne, wer Gott ist; von ihm kann nur in negativer Form gesprochen werden ... Und hier ist eine Nähe zwischen dem Denken des Areopagita und jenem der asiatischen Religionen zu erkennen. Er kann heute ein Vermittler sein, so wie er es zwischen dem griechischen Geist und dem Evangelium war.

VII.

Literatur

ÜBERSETZUNGEN

Dionysius Areopagita: Über die beiden Hierarchien. (Bibliothek der Kirchenväter I. Reihe Bd. 1).

Dionysius Areopagita: Göttliche Namen. Hrsg. Josef Stiglmayr (Bibliothek der Kirchenväter II. Reihe, Bd. 2). München 1933.

Dionysios Areopagita: Die Hierarchien und der Engel. Hrsg. Walther Tritsch. München-Planegg 1955.

Dionysios Areopagita: Mystische Theologie und andere Schriften. Hrsg. Walther Tritsch. München-Planegg 1956.

Dionysius Areopagita: Ich schaute Gott im Schweigen. Mystische Texte. Hrsg. Volkmar Keil. Freiburg 1985.

Dionysius Areopagita: Von den Namen zum Unnennbaren. Hrsg. Endre von Ivánka. Einsiedeln, 3. Aufl. 1990.

Pseudo-Dionysius Areopagita: Über die himmlische Hierarchie. Über die kirchliche Hierarchie. Hrsg. G. Heil. 1986.

Pseudo-Dionysius Areopagita: Die Namen Gottes. Eingeleitet und übersetzt B. R. Suchla. Stuttgart 1988.

Sekundärliteratur

Aertsen, Jan: Eros und Agape – Dionysius Areopagita und Thomas von Aquin über die Doppelgestalt der Liebe, in: Geist, Eros und Agape. Hrsg. Edith Düsing und Hans-Dieter Klein. Würzburg 2009, S.191–204.

Albert, Karl: Einführung in die philosophische Mystik. Darmstadt 1996.

Altaner, Berthold: Patrologie. Leben, Schriften und Lehre der Kirchenväter. 6. Aufl. Freiburg 1960.

Ball, Hugo: Byzantinisches Christentum (1927). Einsiedeln 1958.

Balthasar, Hans Urs von: Herrlichkeit. Eine theologische Ästhetik. Bd. II, Teil 1: Fächer der Stile – Klerikale Stile. Einsiedeln 2. Aufl. 1969, S. 145–214.

Beierwaltes, Werner u.a.: Grundfragen der Mystik. Einsiedeln 1974.

Beierwaltes, Werner (Hrsg.): Platonismus in der Philosophie des Mittelalters. Darmstadt 1969

– : Platonismus im Christentum. Frankfurt 2007.

Bernhart, Joseph: Die philosophische Mystik des Mittelalters. Von ihren antiken Ursprüngen bis zur Renaissance (1922). Darmstadt 1974.

Bulgakow, Sergej: Die Orthodoxie. Die Lehre von der orthodoxen Kirche. Trier 1996.

Felmy, Karl Christian: Die orthodoxe Theologie der Gegenwart. Eine Einführung. Darmstadt 1990.

Flasch, Kurt: Das philosophische Denken im Mittelalter. Von Augustin zu Machiavelli. 2. erw. Aufl. Stuttgart 2006.

Grether, Ewald: Geistige Hierarchien. Der Mensch und die übersinnliche Welt in der Darstellung der großen Seher des Abendlandes. Dionysius Areopagita, Dante Alighieri, Rudolf Steiner. Freiburg 1962.

Hage, Wolfgang: Das orientalische Christentum. Stuttgart 2007.

Kaltenbrunner, Gerd-Klaus: Dionysius vom Areopag. Das Unergründliche, die Engel und das Eine. Zug / Schweiz 1996,

Karrer, Otto: Der mystische Strom. Von Paulus bis Thomas von Aquin (1926). München 1977.

Kawerau, Peter: Das Christentum des Ostens. Stuttgart 1972.

Kobusch, Theo: Dionysius Areopagita, in: Klassiker der Religionsphilosophie, Hrsg. Friedrich Niewöhner. München1995, S. 84–98.

Koch, Josef: Augustinischer und dionysischer Neuplatonismus und das Mittelalter (1956), in: Platonismus in der Philosophie des Mittelalters. Darmstadt 1969, S. 317–342.

Lossky, Wladimir: Schau Gottes. Zürich 1954.

Lossky, Wladimir: Die mystische Theologie der Morgenländischen Kirche. Graz, Wien, Köln 1961.

McGinn, Bernard: Die Mystik im Abendland. Bd. 1: Ursprünge. Freiburg 1994.

Niewöhner, Friedrich (Hrsg.) : Klassiker der Religionspsychologie. Von Platon bis Kierkegaard. München 1995.

O'Daly, Gerard: Dionysius Areopagita, in: Theologische Realenzyklopädie (TRE). Bd. 8., S. 772–780.

Onasch, Konrad: Die alternative Orthodoxie. Utopie und Wirklichkeit ... 14 Essays. Paderborn 1993.

Rorem, Paul: Die Aufstiegs-Spiritualität des Pseudo-Dionysius, in: Geschichte der christlichen Spiritualität. Hrsg. B. McGinn, J. Meyerdorff und J. Leclercq. Würzburg 1993, Bd. I: Von den Anfängen bis zum 12. Jahrhundert, S. 154–153.

Ruh, Kurt: Geschichte der abendländischen Mystik. Bd. I: Die Grundlegung durch die Kirchenväter und die Mönchstheologie des 12. Jahrhundert. München 1990.

Simson, Otto von: Die gotische Kathedrale. Beiträge zu ihrer Entstehung und Bedeutung. Darmstadt 1992.

Suchla, Beate Regina: Dionysius Areopagita. Leben, Werk, Wirkung. Freiburg 2008.

Sudbrack, Josef: Trunken vom Hell-Lichten Dunkel des absoluten. Dionysios, der Areopagite und die Poesie der Gotteserfahrung. Einsiedeln 2001.

Tamcke, Martin: Das orthodoxe Christentum. München 2004; 2007.

Tamcke, Martin: Im Geist des Ostens leben. Orthodoxe Spiritualität und ihre Aufnahme im Westen. Frankfurt 2008.

Viller, Marcel / Rahner, Karl: Aszese und Mystik in der Väterzeit. Ein Abriss der frühchristlichen Spiritualität (1939). Freiburg 1989.

Vorländer, Karl: Philosophie des Altertums. Geschichte der Philosophie I. Reinbek 1963.

Wehr, Gerhard: Christliche Mystiker. Von Paulus und Johannes bis Simone Weil und Dag Hammarsköld. Regensburg 2008.

Zintzen, Clemens (Hrsg.): Die Philosophie des Neuplatonismus. Darmstadt 1977.